国鉄優等列車列伝 第6巻
関西〜九州間を駆け抜けた優等列車の記録
「かもめ」「つばめ」「あかつき」他

山田 亮 著

瀬戸内海に沿って走るボンネットクハ481を先頭にした「なは」。「なは」の愛称は山陽新幹線開通後は寝台特急の名前になり大切に使われた。◎山陽本線　由宇〜神代　1975（昭和50）年3月　撮影：山田 亮

.....Contents

尾道水道に面した海岸沿いを走る475系急行「玄海」。所定は10両編成
だが1975年3月改正準備のため7両に減車されている。ビュフェ車サハ
シ455形が連結されているがビュフェは営業休止だった。
◎山陽本線　尾道～糸崎　1975（昭和50）年2月9日　撮影：野口昭雄

はじめに

　山陽本線は東海道本線とともに「二大幹線」とよばれ明治以来わが国の最重要幹線と位置付けられてきた。特に戦前、戦中は関釜連絡船を介し日本の支配下にあった朝鮮半島、勢力圏にあった満州（中国東北地方）への中心的交通路であり、軍都広島、旧海軍の重要拠点だった呉、佐世保への連絡の使命もありその重要性は高かった。戦後は大陸連絡の使命はなくなったが、北九州工業地帯に加え瀬戸内臨海工業地帯の発展が始まり、旅客、貨物とも一層の輸送力増強が求められた。

　山陽本線は瀬戸内海に沿って走るという印象があるが、実際に乗ってみるとそのような区間は一部であり、中国地方独特の小高い山々に囲まれた平地を縫うように走っている。カーブも多く電車特急の時代になってもスピードアップの障壁になってきたことがわかる。1975年3月の山陽新幹線全線開通で一夜にして昼間の特急・急行列車が姿を消し優等列車は夜行特急・急行列車だけになった。その変化は衝撃的ですらあった。今では夜行寝台特急も姿を消し、貨物列車と普通電車が走るだけだが、その重要性はいささかも変わることがない。　本書はその山陽本線を走り関西と九州を結んだ往年の特急、急行列車を取り上げた。沿線の風光とともに楽しんでいただければ幸いである。

　山陽本線は前身の山陽鉄道時代から瀬戸内海航路の汽船との競争があった。特に大阪・神戸と別府を結ぶ航路は長い歴史を持ち、関西と東九州を結ぶ主要交通機関で、戦後の国内観光ブームの時代にあっては瀬戸内海の風光とともに今でいうクルーズ気分を味わえるとして多くの観光客を運んだ。本書ではその関西汽船別府航路も取り上げた。あわせてお読みいただきたい。

2022年9月　山田 亮

かつて山陽本線だった岩徳線は駅構内が広く、有効長が長い「幹線」の面影が残っていた。1968年時点ではD51牽引の客車列車が2往復運転されていた。写真手前は国道2号線。
◎岩徳線　玖珂付近　1968（昭和43）年3月　撮影：山田 整

第1章
歴史と列車の変遷

明石海峡に沿って走る上り583系「明星7号」と並走する上り153系新快速。山陽本線兵庫～西明石間は線路別複々線で右側
2線が列車線、左側（海側）2線が電車線だった。国鉄時代は新快速も電車線を走行した。
◎山陽本線　塩屋～須磨　1977（昭和52）年9月　撮影：隅田 衷

01 山陽鉄道の 開通と先進的サービス

01-1 山陽鉄道の開通

関西－九州間の列車は山陽本線を通る。その歴史を語る場合、先進的な鉄道であった山陽鉄道から述べることにしたい。1886（明治19）年12月、当時の官設鉄道の西の終点神戸と姫路を結ぶ私設鉄道の建設が兵庫県知事に出願された。発起人には大阪の政商藤田伝三郎（1841－1912）はじめ神戸、西宮の事業家、さらに東京の荘田平五郎（三菱財閥）、横浜の原六郎（横浜正金銀行頭取）が加わっていた。藤田は1885年開通の阪堺鉄道（後の南海鉄道、現・南海電鉄）の設立にもかかわっている。姫路城のある姫路は城下町で大阪との交流は盛んだったからここに鉄道を建設することは有望と考えられたからである。

兵庫県知事を経て政府に進達された願書に対し当時の鉄道局長官井上勝は反対を表明した。神戸－姫路間鉄道は山陽道の一部で将来は下関までつながる幹線鉄道であり、採算性の高い部分だけ私設鉄道とし残りを政府にゆだねるのは不都合（虫が良すぎる？）であり、不許可とすべきである。どうしても免許を与えるなら、神戸－下関間全線建設とするか、姫路以西を政府が建設する際に神戸－姫路間の政府による買収に拒否できないとすべきである、とした。それに対し発起人たちは神戸－下関間全線建設に計画を変更した。すでに私設鉄道条例が1887（明治20）年5月に公布されていたので、この条例に従いあらためて同年10月に出願し、翌1888年1月に免許を得た。私設鉄道条例による免許状の第一号で、1888（明治21）年1月に山陽鉄道が設立された。山陽鉄道は日本鉄道（東北本線、高崎線の前身）が半官半民色が強かったこととは対照的に民間主導で、純然たる民間資本の会社であった。初代社長は中上川彦次郎（1854－1901、福澤諭吉の甥）で、建設にあたり瀬戸内海航路との競争のため「線路の勾配は100分の1（10‰）にせよ」と厳命し「ワンハンドレット」（ワンハンドレッドではない）とあだ名されたという。これが後述するように積極的な旅客サービスにつながっていく。建設にあたっても、日本鉄道が土地の買収から建設に至るまで政府に依存（丸投げ？）していたのに比べ。山陽鉄道はすべて自力で行った。

同年6月、山陽鉄道は神戸－姫路間の建設に着手した。イギリス人技師の指導を受け、1889年から5年間で下関まで建設する予定であったが、日清戦争（1894～95年）の影響で予定通りに進まなかった。

兵庫－姫路間が1888年12月、神戸－兵庫が翌年1889年9月に。更に岡山まで1891（明治24）年3月、尾道までは同年11月に開通し、1894（明治27）年6月に広島まで開通し、同年8月には軍事輸送（兵員、兵器輸送）のため広島と宇品港の間に宇品線が開通した。（一般営業は1897年5月から）日清戦争中は広島が大陸への兵站基地となり、「大本営」（戦争の指揮所）が広島（広島城内）に設置された。山陽鉄道の広島までの開通が大きく貢献したことは言うまでもない。同年10月から神戸－広島間3往復のうち1往復を「急行」列車として時間短縮を図った。長距離急行列車の最初であるが、料金は不要であった。なお、三原－広島間の建設にあたり、海岸沿い（後の呉線）のルートではなく、距離短縮のため山間部を通るルートが選ばれたが、八本松－瀬野間が22.5‰の急勾配（瀬野から八本松への上り勾配）となり急カーブも連続し現在に至るまで列車運転に大きな影響を与えている。その急勾配を避けるため、海岸沿い（呉経由）のルートも検討されたが、敵に砲撃されるとして却下され、また八本松付近から北上し、上三田（芸備線）付近から現在の芸備線のルートで広島に向かい、己斐（現・西広島）付近に広島駅を設置することも検討されたが、距離が長くなるとして却下された。

広島から先は日清戦争の影響で遅れ、徳山まで1897（明治30）年9月、三田尻（現・防府）までは翌1898（明治31）年3月に開通し、1901（明治34）年5月27日、馬関（ばかん）（1902年6月に下関と改称）まで開通し、神戸－下関間が全線開通した。同時に九州鉄道との連絡のため、関門航路が山陽鉄道によって開設された。

　山陽鉄道は寝台車、食堂車を官鉄に先んじて導入し、高速運転（当時としては）を行い、旅客サービスにも積極的だったことはよく知られている。これは神戸－門司間の瀬戸内海航路との競争があったからである。明治20年代には大阪商船が神戸－門司間に「郵便定期船」を毎日1往復運行し、35時間10分（往路）で結んでいた。尾道開通の翌年1892（明治25）年5月、山陽鉄道は大阪商船と協定し、同社の尾道－門司間航路を介して九州鉄道との連絡運輸を開始した。その時の神戸－門司間連絡時刻は次の通りである。

（下り）神戸発5:18－尾道着13:07/尾道港発14:00－門司着4:20
（上り）門司発22:00－尾道港着12:00/尾道発13:56－神戸着21:30

　神戸－門司間の汽船とくらべて11時間程度速くなったが、尾道での船車連絡設備は不完全であり、乗り換えの不便さもあって、関西－九州間旅客をどれだけ誘致できたか疑問である。当時の列車は2軸客車が多く、乗り心地も悪く長時間乗っていられるものではなく、東京－関西間では直通夜行列車は敬遠され（特に下等車は薄暗く物騒で盗難の不安もあった）、懐（ふところ）に余裕のある客は区間列車を利用し浜松、名古屋などで駅前旅館に一泊し、翌日の列車で旅を続けた。山陽も同様で、阪神－九州間の旅客はよほど急ぎの場合以外は「寝て行かれる」瀬戸内海航路の汽船利用が一般的だったはずである。
　1897（明治30）年9月、広島－徳山間開通時に大阪商船は鉄道連絡のため、尾道～門司間航路を徳山～門司間航路へと変更したが翌年の1898年（明治31）年に山陽鉄道は関連会社の山陽汽船商社を設立し、徳山－門司間航路を大阪商船から譲り受け、列車との連絡運輸を行った。徳山－門司間の汽船は2往復で所要時間は5時間あまりである。1898年8月時点の連絡運輸時刻は次の通りである。

（下り）
神戸発12:40－徳山着24:00/徳山港発0:40－門司着5:40

神戸発23:35－徳山着12:52/徳山港発13:40－門司着18:40
（上り）
門司発9:10－徳山港着14:10/徳山発15:40－神戸着4:59
門司発23:00－徳山港着4:20/徳山発5:30－神戸着16:49

　1899（明治32）年5月より、1等食堂合造車（後のホイシ9180型）を京都－三田尻（現・防府）間急行（官鉄の京都まで乗り入れ）に連結した。わが国初の食堂車で食堂定員8名、1、2等客だけが利用できた（注）。この食堂車連結の急行の時刻は次の通りだが急行料金は不要であった。徳山で徳山－門司間航路に接続している。（三田尻は1962年11月1日、防府と改称）

下り307列車　京都10:05－神戸12:40－広島20:24－三田尻23:51、
上り312列車　三田尻4:50－広島8:49－神戸17:05－京都19:28

　（注）このわが国最初の食堂車は1等客に限り利用できたとする文献が多いが、長船友則著「山陽鉄道物語」（JTBキャンブックス）P142「食堂車の営業開始」の項には山陽鉄道営業報告書を引用し「1、2等客のために洋食および各種飲料食事準備し」と記述されている。

　翌1900（明治33）年4月、寝台付き1等食堂合造車（後のイネシ9070型）が大阪－三田尻間急行（料金不要）に連結された。寝台車連結列車は次の通りである。

下り319列車　大阪22:20－神戸23:35－広島（着）9:17－三田尻13:42
上り302列車　三田尻14:50－広島19:13－神戸（着）4:59－大阪6:11

　山陽鉄道の旅客サービスの新機軸はほかにもある。1899（明治32）年から列車電灯を設置した。蓄電池車を連結する方式で、急行・直行列車で実施された。このほか、主要駅における手荷物運搬人（赤帽）の配置（1896年から）、直行列車への「ボーイ」（列

車給仕)の乗務(1898年から)、夏季に1、2等客に対し蚊帳(かや)の貸出(1898年)、下関に直営の山陽ホテルの開業(1902年)など。純粋民間企業の面目躍如たるものがあり、後年の「私鉄王国関西」を先取りしていた。

01-3 「最急行」「最大急行」と鉄道国有化

　すでに述べたように山陽鉄道は高速運転に積極的で1894(明治27)年10月から神戸−広島間に料金不要の急行列車を運転し、わが国おける長距離急行の最初である。1901(明治34)年5月27日、厚狭−下関(当時は馬関、翌1902年6月に下関と改称)間が開通し山陽鉄道神戸−下関間が全通した。同時に京都−下関間(官鉄乗り入れ)に昼行の「最急行」列車(料金不要、洋食堂車連結)が登場した。この列車の時刻は次の通りで、神戸で官鉄の新橋−神戸間夜行列車と接続した。

(下り)303列車　京都6:00−神戸8:35−広島15:42−下関21:10(新橋発12:20、神戸着7:50の夜行列車から接続)
(上り)316列車　下関8:05−広島13:39−神戸21:00−京都23:28(神戸発22:00、新橋着18:53の夜行列車に接続)

　1903(明治36)年1月には官鉄と山陽鉄道はダイヤ改正を行い、山陽鉄道は京都−下関間昼行急行(最急行)を「最大急行」(食堂車連結)として時間短縮をはかった。時刻は次の通りである。

下り305列車　京都7:50−神戸10:30−広島17:21−下関22:00(新橋発18:00、神戸着9:20の3列車から接続)
上り318列車　下関6:00−広島10:40−神戸着17:20−京都19:38(神戸発18:15、新橋着9:30の4列車に接続)

　同年5月から大阪−下関間夜行1往復にわが国初の2等寝台車を連結した。この寝台は長手(進行)方向に上下52人、長さ1mで背刷りを傾斜させて「眠れる」ようにした構造とされる。昼間は窓を背にて座り、夜間は寝台仕切りを倒し、隣の区画に足を

伸ばして眠る形でリクライニングシートに近い構造で上下2段であるが、この寝台の明確な図面や写真は残っていないようだ。この寝台車は国有化後は2等軽便寝台車と改称された。この方式は空間を有効に活用し、昼間の座席使用を考慮しない「寝るだけ」(夜行区間だけ)の列車なら今でも通用するかも知れない。

　1905(明治38)年8月、初の新橋−下関間直通列車(下り1列車新橋6:00−神戸23:30−下関17:16、上り2列車下関12:05−神戸5:50−新橋23:10)が登場したが、同年10月下旬、日露戦争からの帰還兵を運ぶ「凱旋運行」実施に伴い廃止されている。

　1906(明治39)年3月31日、鉄道国有法が公布され山陽鉄道、日本鉄道、甲武鉄道、関西鉄道、北海道炭礦鉄道、北海道鉄道、九州鉄道など全国17私鉄の買収国有化が決まり、同年10月から翌1907年10月にかけて次々と国有化された。山陽鉄道の国有化は1906年12月である。関門航路も同時に国有化された。

　国有化に先立ち、1906(明治39)年4月、日露戦争終結に伴い平常時の運行に戻すダイヤ改正が行われ、東海道の新橋−神戸間急行列車のうち昼1往復を「最急行」(1、2等編成)とし、夜行急行2往復(1、2等編成と3等編成が1往復ずつ)とあわせ急行券が必要になった。これが急行券を必要とする急行列車の最初である。この改正で新橋−下関間の直行11、10列車(1等寝台車、洋食堂車連結)が登場した。時刻は次の通りで二晩夜行であるが、新橋−下関間は「最急行」と京都−下関間列車を乗り継いだ方が速かった。

下り11列車　新橋22:30−神戸18:30−下関11:35
上り10列車　下関19:15−神戸12:45−新橋7:46

　国有化翌年の1907(明治40)年3月改正では新橋−下関間急行(1、2、3等編成、1等寝台、食堂車

連結)が登場した。これはそれまでの京都－下関間「最大急行」を新橋まで延長したもので、東海道夜行、山陽昼行である。これで新橋－下関間直通列車は急行、普通(直行と称した)各1往復となった。

（下り）
急行 5 列車　新橋15:30－大阪6:20/6:30－下関20:25

02 戦前の最盛期と関門トンネル開通

02-1 特別急行列車の登場

　1912（明治45）年6月15日、東海道・山陽本線のダイヤ改正が行われ、新橋－下関間に初の特別急行列車（後の「富士」）が登場した。この列車はそれまでの新橋－神戸間昼行「最急行」列車を下関まで延長したもので1、2等車だけで3等車は連結されず今風に言えばA寝台車、グリーン車だけの列車で、東海道区間昼行、山陽区間夜行で戦前の特急はこの時間帯で運転された。この特別急行列車は関釜連絡船を介し、朝鮮総督府鉄道（鮮鉄）、南満州鉄道（満鉄）に連絡し、当時の植民地朝鮮半島、日本の支配力が強まっていた満州（中国東北地方）を結び、さらにシベリア鉄道を介してヨーロッパと連絡する「国際輸送」の一環で「国威発揚」の意味合いもあった。この改正はかなり強引に行われた鉄道国有化による組織の混乱も一段落し、統一された「国有鉄道」としてさらに前へ進むための改正でもあった。この改正での山陽線関係の主な列車時刻は次の通りである。

（下り）
特急 1 列車（1、2 等）新橋8:30－大阪20:25/20:33－下関9:38
急行 5 列車　新橋15:50－大阪6:26/6:38－下関20:24
普通15列車　新橋23:00－大阪15:44/15:56－下関

普通15列車　新橋23:00－大阪17:08/17:18－下関11:32
（上り）
急行 6 列車　下関9:30－大阪23:27/23:35－新橋14:25
普通16列車　下関19:10－大阪13:29/13:38－新橋7:41

8:40
普通43列車　京都10:33－大阪11:34/11:41－広島22:43/22:54－下関5:56
普通41列車　京都20:50－大阪21:47/21:57－広島7:37/7:48－下関14:20
普通47列車　京都21:20－大阪22:30/22:38－広島11:14/11:26－下関19:45
（上り）
特急 2 列車（1、2 等）下関19:10－大阪8:22/8:28－新橋20:25
急行 6 列車　　下関9:50－大阪23:20/23:32－新橋13:50
普通16列車　　下関20:05－大阪13:22/13:34－新橋7:20
普通48列車　　下関10:15－広島18:00/18:10－大阪6:23/6:29－京都7:42
普通42列車　　下関14:45－広島21:34/21:45－大阪7:29/7:39－京都8:30
普通44列車　　下関23:40－広島6:33/6:41－大阪17:19/17:26－京都18:22

　新橋－下関間は特急（1、2 等）と急行（1、2、3等）が各1往復だが、特急の東海道昼行、山陽夜行に対し、急行は東海道夜行、山陽昼行であった。関西

発着の京都－下関間列車は普通3往復であるが、そのうち41、42、43、44列車は小駅通過で、1等寝台車、2等軽便寝台車、洋食堂車を連結し、今でいう快速列車であった。戦前の昭和10年代前半（1930年代後半）までは関西から九州および朝鮮半島、満州方面への旅客は急行券不要で座席が確保しやすい京都－下関間列車を利用することが多かった。

1914（大正3）年12月20日、赤煉瓦の偉容を誇る東京駅が開業し、東海道線列車は東京駅発着となり、それまでの新橋駅は貨物駅となり汐留と改称された。

1919（大正8）年8月改正で、東京－下関間急行5、6列車から3等車を分離し、3等車だけの急行3、4列車と1、2等編成の急行5、6列車に分離され、約30分間隔で続行運転のセクショントレインとした。これは3等旅客が増えたため、当時の機関車牽引力や駅構内有効長の関係で2個列車に分割したもの

で、鉄道による長距離旅行が一般の人々にも広がってきたことの反映でもあろう。1919年8月改正時の3、4列車および5、6列車の時刻は次の通りである。

（下り）
急行3列車（3等編成、和食堂車連結）東京16:50－
大阪6:40－広島15:07－下関20:25
急行5列車（1、2等編成、1、2等寝台車、洋食堂車連結）
東京17:20－大阪7:15－広島15:39－下関20:50
（上り）
急行6列車（1、2等編成、1、2等寝台車、洋食堂車連結）
下関9:30－広島14:41－大阪23:05－東京12:50
急行4列車（3等編成、和食堂車連結）下関10:00－
広島15:16－大阪23:35－東京13:25

02-2　3等特別急行列車の登場

次の画期的ダイヤ改正は1923（大正12）年7月改正で初の3等特別急行列車が東京－下関間に登場し、この列車はそれまで優等（1、2等）旅客に限られていた特別急行列車を3等客に開放し、社会史的にも重要な意味があり、大正デモクラシーによる一般大衆の地位向上の反映でもあった。それまで東海道区間は3等客は夜行列車を利用せざるを得なかったが、昼の東海道の旅を3等客にも提供した。この列車は特急3、4列車となり、昭和に入ってから「櫻」と名付けられた。時刻は次の通り。特急1、2列車もあわせて記載する。

（下り）
特急3列車（3等編成、和食堂車）東京8:45－大阪
19:50/20：00－下関8:05
特急1列車（1、2等編成、1、2等寝台車、洋食堂車）
東京9:30－大阪20:12/20:20－下関8:30

（上り）
特急2列車（1、2等編成、1、2等寝台車、洋食堂車）
下関20:45－大阪8:58/9:04－東京19:35
特急4列車（3等編成、和食堂車）下関21:05－大阪
9:42/9:50－東京20:40

特急3、4列車は急行と同じ木造客車（当時最新のナハ22000系の可能性が高い）で背刷りは板張りで、シートピッチ1300mmで特急らしくなかった。改正2ヶ月後の同年9月1日に発生した関東大震災で東海道本線（東京－御殿場間）は約2ヶ月間不通になり、10月28日に徐行運転で運転が再開されたが、運転時間が約2時間延長された。改正前の運転時間に戻ったのは3年後の1926（大正15）年8月である。1925（大正14）年に特急用3等客車スハ28400形（登場時はスハ29300形）に置き換えられ、一方向き2人掛け座席となり戦後の特急用客車スハ44系や電車、気動車特急の座席の原型となった。

02-3 昭和戦前期の山陽本線

山陽本線の複線化は山陽鉄道時代の1899年1月に兵庫－姫路間が、1903年12月の呉線（官設鉄道）海田市－呉間開通時に海田市－広島間が完成した。

複線化は国有化後に本格化し、駅間距離の長い上郡－三石間12.8kmが1910（明治43）年10月に完成したのを皮切りに徐々に進み、1929（昭和4）年7月に宮島（現・宮島口）－大野浦間が複線化され、神戸－麻里布（1929年3月、岩国から改称）間の複線化が完成し、翌1930（昭和5）年には麻里布－虹ヶ浜（現・光）間を除いて複線化された。また、山陽鉄道では旅客の視界を妨げるとして鉄橋にもトラス橋は採用されず、保守管理上の不利を承知でプレートガーター橋とし、この方針は国有化後も貫かれた、と書かれた文献があるが、これは俗説で実際には高価な輸入トラス橋を避けて、安価な国産の橋梁を採用した結果とされる。

丹那トンネル開通に伴う1934（昭和9）年12月1日ダイヤ改正は戦前の鉄道黄金時代のダイヤ改正として知られ、戦争の影響をうけない平常時における戦前最盛期のダイヤ改正とされている。この改正で麻里布（現・岩国）－櫛ヶ浜間の短絡線（現・岩徳線）が開通して山陽本線に編入され、柳井経由の線は柳井線と改称された。特急、急行列車の大部分は新線を経由したが、欽明路トンネル（柱野－玖珂間3,149m）の前後に20‰の急勾配があり、貨物列車は柳井回りが多かった。この急勾配を避けるために戦時中に岩国（1942年4月、麻里布から改称）－下松間の複線化が行われ、1944（昭和19）年10月11日、柳井線が山陽本線に戻り、短絡線は岩徳線と改称された。なお山陽新幹線は岩徳線沿いの短絡ルートで建設された。

天然の良港である呉は、1889（明治22）年に呉鎮守府が設置され横須賀、佐世保とともに旧海軍の本拠地となった。1903（明治36）年12月には海田市－呉間が官設鉄道として開通し、軍都であった広島と結ばれた。海岸沿いの三原－呉間は1935年11月に開通し、呉線の全線開通と同時に東京－下関間急行のうち1往復（1、2、3等編成の7、8列車）が呉線を経由した。呉線開通後の1939（昭和14）年11月15日改正時の山陽本線の主要列車時刻を東京－下関間主要列車とともに掲載するが、大阪－下関間の急行

が登場していることに注目。（特記以外は2、3等編成、時間表昭和15年3月号から）

（下り、東京－下関間）
急行9列車（2、3等寝台車、和食堂車）東京10:30－大阪20:37/20:45－下関6:55
特急3列車「櫻」（2、3等寝台車、和食堂車）東京13:30－大阪22:00/22:07－下関8:00
特急1列車「富士」（1、2、3等編成、1、2、3等寝台車、洋食堂車）
東京15:00－大阪23:29/23:34－下関9:25
急行5列車（2、3等寝台車、和食堂車、柳井経由）東京21:00－大阪7:50/8:00－下関18:00
急行19列車（2、3等寝台車、和食堂車）東京22:25－大阪9:40/9:50－下関19:35
急行7列車（1、2、3等編成、1、2、3等寝台車、洋食堂車、呉線経由）
東京23:00－大阪10:37/10:45－下関21:00
（下り、関西－下関間）
急行1025列車（和食堂車）大阪12:15－広島18:11/18:16－下関21:50
普通111列車（2、3等寝台車、和食堂車、柳井経由）京都18:00－大阪18:38/18:45－広島2:17/2:26－下関7:23
普通113列車（2、3等寝台車、和食堂車、柳井経由）京都20:30－大阪21:08/21:15－広島5:02/5:10－下関10:55
急行1027列車（2、3等寝台車、和食堂車）大阪21:35－広島3:42/3:48－下関7:40
普通101列車（2、3等寝台車、和食堂車、呉線経由）京都22:20－大阪23:00/23:07－広島7:36/7:45－下関13:01
（上り、下関－東京間）
急行14列車（2、3等寝台車、和食堂車）下関8:50－大阪18:54/19:01－東京6:55
急行8列車（1、2、3等編成、1、2、3等寝台車、洋食堂車、柳井、呉線経由）
下関9:25－大阪19:55/20:01－東京7:30
急行6列車（2、3等寝台車、和食堂車）下関12:50－22:55/23:00－東京9:55
特急2列車「富士」（1、2、3等編成、1、2、3等

寝台車、洋食堂車）

下関20:30－大阪6:43/6:48－東京15:25

特急4列車「櫻」（2、3等寝台車、和食堂車）下関22:00－大阪7:54/8:00－東京16:40

急行10列車（2、3等寝台車、和食堂車）下関23:00－大阪9:25/9:31－東京19:45

（上り、下関－関西間）

急行1026列車（和食堂車）下関8:30－広島12:01/12:06－大阪18:25

普通110列車（2、3等寝台車、和食堂車、柳井、呉線経由）

下関17:00－広島22:37/22:45－大阪6:16/6:22－京都6:58

普通102列車（2、3等寝台車、和食堂車）下関19:05－広島23:50/0:07－大阪7:41/7:48－京都8:26

急行1028列車（2、3等寝台車、和食堂車）下関21:20－広島1:10/1:16－大阪7:45

普通112列車（2、3等寝台車、和食堂車、柳井経由）下関22:10－広島3:12/3:20－大阪12:06/12:11－京都12:50

日中戦争（当時はシナ事変、日華事変と呼ばれた）は1937年7月の勃発から2年以上が経過し、戦局はドロ沼化し「出口の見えない戦争」になっていて戦死者もでていたが、国内は重工業中心に軍需景気に沸いていた。この1939（昭和14）年11月改正はこの情勢を反映した大陸連絡旅客の増加、国内における軍需景気によるビジネス客、軍需工場などへの通勤者の増加に対応したもので、急行列車や通勤列車が増発された。山陽線関連では大阪－下関間の急行が2往復（昼行、夜行）登場した。京都－下関間の寝台車、食堂車連結の普通列車（夜行区間は小駅通過）も3往復運転されている。注目すべきは東京－下関間の急行7、8列車で呉線を経由し、当時の重要都市呉に立ち寄った。海軍軍人の往来のためであることは言うまでもない。この列車は1、2、3等編成で大陸と往来する要人の利用も多く「国際急行」と呼ばれた。呉線内は「要塞地帯」であるため海側はヨロイ戸を下ろすように車掌から指示され海岸風景を見ることはできなかった。

02-4 関門航路、関釜航路と九州内の連絡列車

　本書は「関西－九州間優等列車」がテーマであるから山陽鉄道全通と同時に開設された関門連絡船と九州内の主要列車についても期すことにし、関釜連絡船についても簡潔に記す。

　山陽鉄道では1901（明治34）年5月27日、下関までの開通と同時に下関（当時は馬関）－門司（現・門司港）間に関門航路を開設し、大瀬戸丸、下関丸（初代）が就航。これにより徳山－門司航路は廃止された。関門航路は当初1日8往復、所要15分であったが徐々に運行回数を増やしていき1906年12月に国有化されている。下関と朝鮮半島釜山（プサン）を結ぶ関釜（かんぷ）連絡船は1905（明治38）年9月に山陽鉄道によって開設され、1906（明治39）年12月に関門航路とともに国有化されている。関釜航路には壱岐丸、対馬丸（いずれも初代）が就航した。

　関門航路の旅客船は後に門司丸（1914年就航）、長水丸（1920年就航）、豊山丸（1920年就航）、下関丸（二代目、1925年就航）となった。関門航路は長距離旅客より地元の関門間の客が多く、所要時間も短かっ

たため、門司丸までは1、2等もあったが、長水丸・豊山丸からは3等船室だけに改められた。開設時の大瀬戸丸、下関丸（初代）は弥山丸、七浦丸と改称され1920年に宮島航路に転用された。

　関門航路の貨物輸送は当初は貨車から艀（はしけ）に積み替えていたが、積み替えの手間がかかり滞貨の原因になった。そこで1911（明治44）年11月から、貨車をそのまま艀に積む「専用はしけ」輸送となり、日本最初の貨車航送航路になった。さらに能率向上のために自航式貨車渡船が1919（大正8）年に登場した。15トン積の貨車を6～7両積める外輪船で1926（大正15）年までに5隻（第一～第五関門丸）が就航したが、増加する輸送量に追いつかなくなってきた。関門海峡に橋かトンネルを建設する構想は明治末期からあったが、橋では戦争の際に爆撃される恐れがあるとして世界初の海底トンネル、関門トンネルが1936（昭和11）年に着工された。

　1939（昭和14）年11月改正時の九州内主要列車を次に記す。門司は現在の門司港である。

（下り、鹿児島方面）
急行３列車（和食堂車）門司8:50－博多10:18/10:22－熊本12:42/12:50－鹿児島16:56
普通15列車（和食堂車）門司10:30－博多12:40/12:46－16:08/16:20－鹿児島22:19
急行７列車（２、３等寝台車）門司22:05－博多23:41/23:45－熊本2:16/2:25－鹿児島7:10
（下り、長崎方面）
急行101列車（和食堂車）門司10:15－博多11:43/11:47－長崎15:11
普通107列車（２、３等寝台車、大村線経由）門司22:55－博多1:28/1:34－長崎7:29（上海航路出航日は長崎港着7:44）
（下り、宮崎方面）
急行203列車（和食堂車）門司9:00－大分11:54/12:01－宮崎16:30
普通207列車（２等寝台車）門司21:55－大分1:44/1:53－宮崎7:23/7:29－鹿児島11:30
（上り、鹿児島方面から）
普通14列車（和食堂車）鹿児島7:30－熊本12:19/12:31－博多16:54/17:02－門司19:10

急行４列車（和食堂車）鹿児島12:50－熊本17:08/17：15－博多19：35/19：39－門司21：05
急行８列車（２、３等寝台車）鹿児島22:30－熊本3:42/3:52－博多6:18/6:24－門司8:05
（上り、長崎方面から）
急行102列車（和食堂車）
（上海航路入港日は長崎港発14:30）長崎14:40－博多18:10/18:14－門司19:40
普通108列車（２、３等寝台車、大村線経由）長崎22:45－博多5:29/5:37－門司7:45
（上り、宮崎方面から）
急行204列車（和食堂車）宮崎13:25－大分17:58/18:05－門司20:55
普通208列車（２等寝台車）鹿児島18:10－宮崎22:09/22:18－大分4:13/4:25－門司8:30

　関門連絡船は毎時３往復、所要時間15分で運行されている。東京、大阪と九州間の最短所要時間（下り）は東京－博多間20時間43分、東京－鹿児島間27時間26分、東京－長崎間24時間11分、大阪－博多間12時間09分、大阪－鹿児島間18時間49分、大阪－長崎間15時間37分である。

02-5 関門トンネル開通と本州－九州直通列車

　1936（昭和11）年に着工された関門鉄道トンネル（下り線3,614m、上り線3,604m）は戦時体制にもかかわらず工事が進み、1942（昭和17）年７月１日に単線（現・下り線）が開通し幡生－門司間が直流電化されEF10型電気機関車が投入され貨物列車の運転が開始された。操車場のある幡生まで電化されたのは貨物列車のためであるが、同年11月15日には全国ダイヤ改正が行われ、旅客列車の運転が開始され下関駅は高架線上の新駅に移転した。関門連絡船は地域輸送のために旅客便だけが残った。1944（昭和19）年９月９日、上り線が完成し複線運転が開始された。
　1942（昭和17）年11月の全国ダイヤ改正は関門トンネル開通に伴う改正で本州－九州間の直通運転が開始された。すでに日米開戦から１年近く経過し、日本の戦局は劣勢に傾いていたが、軍事輸送、軍需産業のための貨物輸送、軍需工場への通勤輸送が活況を呈し、それを反映した改正でもあった。この改正における本州－九州間の主な直通列車は次の通りであるが、関西発着の優等列車はなく普通列車中心である。

（下り、東京－九州間）
急行５列車（２等寝台、和食堂車）東京10:30－大阪20:44/20:50－門司7:04/7:13－博多8:36
急行７列車（２等寝台、和食堂車）東京13:05－大阪22:01/22:07－門司8:24/8:36－鹿児島17:10
特急１列車「富士」（１、２、３等編成、１、２等寝台、洋食堂車）
東京15:00－大阪23:30/23:36－門司9:29/9:40－長崎14:30
急行11列車（２等寝台、和食堂車）東京20:40－大阪7:52/8:00－門司17:49
急行３列車（１、２、３等編成、１、２等寝台、洋食堂車）東京23:00－大阪10:34/10:40－門司21:23/21:35－鹿児島7:00（呉線経由）
（上り、九州－東京間）

急行4列車（1、2、3等編成、1、2等寝台、洋食堂車）
鹿児島22:30－門司8:50/9:00－大阪19:54/20:00－東京7:36（呉線経由）
急行12列車（2等寝台、和食堂車）門司13:00－大阪22:54/23:00－東京10:06
特急2列車「富士」（1、2、3等編成、1、2等寝台、洋食堂車）
長崎15:40（上海航路入港日は長崎港発15：30）－門司20:34/20:45－大阪6:41/6:50－東京15:25
急行8列車（2等寝台、和食堂車）鹿児島12:55－門司21:32/21:42－大阪7:48/7:53－東京17:06
急行6列車（2等寝台、和食堂車）博多21:27－門司22:50/22:58－大阪10:14/10:20－東京20:30

このほか、本州－九州間の長距離普通列車も多数運転され、東京－九州間に3往復、関西－九州間に下り5本、上り6本運転されている。そのうち東京－九州間長距離鈍行の時刻を掲載する。

（下り）
普通31列車　東京10:40－大阪0:41/0:50－門司15:15/15:35－八代23:03（柳井経由）
普通33列車　東京14:10－大阪4:30/4:38－門司20:02/20:20－久留米23:41（柳井経由）
普通35列車　東京15:25－大阪5:00/5:14－門司

21:04/21:45－長崎7:29（呉線、柳井、大村線経由、上海航路出港日は長崎港着7:44）
（上り）
普通34列車　鹿児島21:00－門司9:44/9:53－大阪0:11/0:20－東京14:25
普通36列車　長崎5:28－門司12:53/13:11－大阪4:44/4:54－東京18:40
普通38列車　八代6:35－門司14:10/14:20－大阪5:30/5:40－東京20:10（柳井、呉線経由）

この改正では列車本数は戦前、戦中を通じ最高を記録し、優等列車の速度も1939年11月時点とそれほど変わっていないが、3等寝台車の廃止（1941年7月）など旅客サービス面は低下した。これは日米開戦後の半年間、日本軍は「連戦連勝、破竹の勢い」で国内は戦勝ムードで、軍事輸送、軍需産業関連の輸送だけでなく靖国神社、伊勢神宮、橿原神宮（奈良）などへの戦勝祈願の「聖地巡礼」旅行、出征する父、夫、息子に家族が遠路はるばる面会に行くなど、国内での人の移動も活発でそれを反映して策定されたダイヤと考えられるが、戦局は1942年6月のミッドウェー海戦を境に急速に悪化しており、3ヶ月後の翌1943（昭和18）2月には臨戦ダイヤと称して優等列車削減に追い込まれた。所詮は「無理な」改正だった、ということになろう。

03 戦中戦後の苦難から復興へ

03-1 戦時中の関西－九州間列車

　戦時中は国内の貨物輸送が船舶の軍事輸送への転用および沿岸航路の米軍潜水艦からの攻撃を避けるため、鉄道に大幅に転移した。山陽本線では北九州から阪神工業地帯への石炭輸送の貨物列車が集中して運転されたが、車両の整備不良、石炭の炭質低下、線路状態の悪化、乗務員の技量低下（優秀な機関士

が徴兵され、10代後半の少年が機関士、機関助士に登用された）で列車の遅れは常態化し、下関を発車した貨物列車が数時間遅れて姫路に到着したという。
　戦争末期になると、貨物列車増発に伴い急行列車は大幅に削減され普通列車中心となり、「足を揃え

て輸送力を高める」と称して貨物列車と平行ダイヤになり速度は低下した。

　戦争が激しくなるにつれて旅客列車はさらに削減され、太平洋戦争末期の1945（昭和20）年1月25日改正では本州－九州間直通列車は最小限となり、東京－九州間急行列車は東京－鹿児島間急行1往復（熊本－鹿児島間普通）、東京－門司間急行2往復（上り1本は下関始発）、東京－九州間普通列車は東京－門司、博多間各1往復で、関西－九州間普通列車は京都、大阪－門司間5往復（上り2本は下関始発）となって、多くの列車は下関または門司で乗り換えとなった。これはダイヤ混乱による長距離列車の遅れに対応したためである。1945年に入り米軍による本土空襲が激しくなり、線路は寸断されたが数日以内に復旧し輸送は続けられた。致命傷となる鉄橋への攻撃はなかった。これは米軍が戦後の日本占領政策を考慮し、鉄道、港湾など重要施設への攻撃を控えたためとされている。（注）

　（注）鉄道橋への攻撃は1945年7月24日、近畿日本鉄道名古屋線揖斐・長良川橋梁が攻撃されトラス橋2連が転落して不通になったことが知られているが、平行する関西本線橋梁は被害がなかった。

　1945年3月20日、急行列車は東京－下関間1往復（1列車、東京8:30－下関9:00。2列車、下関20:00－東京20:21）を残して全廃された。この急行は軍務公用者（軍隊、軍需産業、官公庁関係者など）に限り急行券が発売され一般乗客の乗車は困難で、VIP用として2等寝台、2等座席の合造車マロネロ37形（戦後の形式はマロネロ38形）が連結されていた。同年7月時点の山陽本線関連の長距離列車はこの東京－下関間急行1往復のほか、東京－博多間普通1往復（33列車、東京14:10－博多23:41。30列車、博多4:55－東京14:25）、京都・大阪－門司間普通4往復（上り1本は下関始発）だけで、これが敗戦時の列車ダイヤである。（敗戦時の時刻を掲載した時刻表復刻版終戦直後編昭和20年1号による）

03-2 広島への原爆投下と敗戦直後の列車運行

　1945年8月6日、午前8時15分、広島へ原子爆弾が投下され、その日は山陽本線、芸備線は運転を停止したが、避難者、負傷者を輸送する「救援列車」が西条、三次方面へ運行されたと記録されている。被害の少なかった近郊の駅では折り返し運転が行われ、8月8日には広島－横川間が単線で復旧し、山陽本線の運転が再開された。（石井幸孝著「戦中・戦後の鉄道」による）

　敗戦後も終戦時のダイヤで運行が続けられたが、敗戦の翌月9月頃から食糧難のため食糧買い出し客が急増し、それに加えて「本土決戦」にそなえて国内各地に配置されていた陸海軍将兵の復員輸送、疎開していた学童を都市に戻す輸送、国内各地の炭鉱、鉱山に連行されていた朝鮮半島出身者など外国人労働者の帰還輸送、GHQ（連合国軍総司令部）の命令による占領軍輸送と戦時中を上回る膨大な輸送要請が国鉄（当時は運輸省鉄道総局）にのしかかってきた。1往復の東京－下関間急行は引き続き運転されたが、急行券は「列車指定制」で入手が難しく、東京－博多間普通33列車は「当分の間、朝鮮への帰還者専用とする」との新聞報道があった。下関、北九州には全国各地から帰還を目指す朝鮮半島、中国出身者が集まり、治安上も危険な状態だったが、関門海峡は米軍の機雷投下で使用不能のため、仙崎港（山口県）と博多港が代替港になり8月31日から帰還輸送が始まった。仙崎からは興安丸、博多からは徳寿丸（いずれも関釜連絡船）が就航して帰還者を運び、折り返し朝鮮半島から引揚げる日本人を運んだ。仙崎港の引揚げは1945年9月に始まり翌1946年10月に終了した。（斉藤哲雄著「下関駅物語」による）

　敗戦1か月後の9月17、18日、枕崎台風が襲来し、とくに広島県下に大きな被害が出た。山陽本線も各所で不通になり、山陰本線、芸備線も不通で迂回運転もできなかった。途中駅で滞留した乗客は食糧入手もままならず重大な事態に直面し、不通区間を徒歩で突破するか、瀬戸内海の機帆船に頼るしかなかった。10月1日、山陽本線は半月ぶりに一部徒歩連絡で輸送を再開したが、10月7、8日には豪雨で

ふたたび不通になった。開通は10月中旬である。終戦時の時刻を掲載した時刻表復刻版終戦直後編の昭和20年1月号には関西汽船の大阪－別府航路、大阪－広島航路などの瀬戸内海航路が掲載されているが、実際には機雷の投下で運航は危険となり同年5月以降運航が停止された。同年10月7日、復活した別府航路第1船の室戸丸が大阪港外で触雷して沈没し乗客572名中355名が犠牲になる惨事が発生している。

03-3 列車大削減期の関西－九州間列車

1945年11月20日、敗戦後初の全国的ダイヤ改正が行われ、おおむね前年10月改正時の運行本数となり主要幹線に急行列車が復活したが、12月に入り石炭不足でたちまち列車削減に追い込まれ、12月中旬には敗戦時を下回る列車本数となった。これは、冬場になり石炭の需要が増えたこと、戦時中に炭鉱に運行されていた外国人労働者が帰国し石炭生産が減少したことが理由である。

翌1946年2月には石炭事情がやや好転したため、列車本数がやや増えた。同年2月25日改正時における山陽本線関連の長距離列車は東京－九州間直通急行が2往復、京都・大阪－門司間の普通列車が4往復運転されている。2往復運転される急行は博多、門司までで時刻は次の通りである。

（下り）
急行1列車　東京8:30－大阪19:19/19:30－門司9:20/9:30－博多11:30
急行5列車　東京20:00－大阪7:32/7:40－門司21:15
（上り）
急行8列車　門司8:55－大阪22:22/22:30－東京10:36
急行4列車　博多18:40－門司20:20/20:35－大阪10:20/10:30－東京21:21

同年6月20日から門司港－鹿児島間に臨時急行1011、1012列車（門司港9:55－鹿児島19:15、鹿児島10:40－門司港20:00）が運転され、門司で東京－博多間急行1、4列車と接続した。急行は列車指定制で、乗車日、乗車列車を指定して急行券を発売した。戦時中のように軍務公用者優先などということはなく「先着順」だが、行列は長くいわゆる「ダフ屋」が横行していた。

この時期を象徴する列車として外地からの復員、引揚者を輸送する復員臨時列車がある。復員、引揚は1946年春から本格化し、1946年4月19日付「運輸公報」には鹿児島、南風崎、博多港、門司、大竹から大阪、京都、品川へ多数設定されている。下りは回送となるが「回送列車として運転する場合は必要に応じて一般旅客の取り扱いを為すこと」との注もある。当時の状況からして当然の措置であろう。下り列車は朝鮮半島・中国出身者などの帰還輸送にも利用された。

同年11月10日、石炭不足で列車削減に追い込まれた前年暮れの経験から、列車本数を16%減らして石炭不足に備える、いわば防衛的姿勢の改正であったが、実際にはそれでは足りず12月に入ってから毎週のよう削減された。時刻表復刻版昭和21（1946）年12月号およびそれに添付された付録によれば同年12月20日時点の山陽線関連の長距離列車は急行1、2列車が東京－博多間、急行5、8列車が東京－広島間となっている。東京－九州間を直通する普通列車はなく、大阪－門司間には普通列車が2往復だけとなっている。九州内も門司港－鹿児島間急行はなくなり普通列車だけになった。

03-4 史上最悪の列車ダイヤ

　翌1947（昭和22）年1月4日、わが国の鉄道史上で最悪のダイヤが実施された。当時、生産拡大の隘路は石炭生産の不足でその原因は炭坑用鋼材の不足だった。そこで石炭を鉄鋼に優先配分し、増産された鋼材を炭鉱に配分してさらに石炭増産をはかる「傾斜生産政策」が実行され、鉄道への石炭配分がさらに減らされた。その結果、急行列車が全廃され、2等車も連結が停止され電化区間を除いた旅客列車運転距離は全国で1日あたり15万kmとなり、主要幹線の全線直通列車は東海道・山陽線2往復、他の幹線1往復程度の惨状となった。（進駐軍専用列車と復員臨時列車は対象外）

　この列車大削減期における山陽本線関係の長距離列車は次の通りである。「たったこれだけ」との声が聞こえてくるような衝撃的な少なさである。

（下り）
1列車　東京7:25－大阪発22:00－博多15:52
5列車　東京22:40－大阪発13:25－門司6:20
231列車　大阪20:01－門司11:40
（上り）
8列車　門司22:57－大阪発15:45－東京5:55
4列車　博多12:45－大阪発6:55－東京21:40
220列車　門司5:50－大阪21:56

　この東京－九州間直通列車2往復は東京駅から乗車の場合は乗車券のほかに「列車指定証」が必要で

その入手にまた行列だった。乗車券、列車指定証を「セット」で売りつけるダフ屋も暗躍していた。大阪地区では指定証を発行せず「改札調整」を行ったと当時の新聞記事にある。「4日から急行に代わってお目見えする東京－博多間直通第1、第4列車および東京－門司間直通第5、第8列車は東鉄管内から乗る場合は指定券が要るが、大鉄局管内では中間駅のため指定券所有者が乗りこぼれてはすまないとあって指定券は発行せず改札調整だけを行う」（1947年1月4日付 朝日新聞 大阪本社版）

　当時を知る元国鉄幹部職員の話では「三ノ宮、神戸は国電と同じホームだからね、乗ろうと思えば乗れるよ。切符のチェックなんてできないからね」とのことで常に超満員だった。

　列車番号8000番台の復員臨時列車はこの時期でも最小限運転され、復員輸送のないときは一般客を乗せた。この悪夢のような110日も同年4月24日、1、4列車および5、8列車が急行となって17両編成となって2等車も復活した。急行復活と同時に8000番台の復員臨時列車が時刻表に掲載され大村線南風崎（下りは早岐）－東京（一部は上野）間3往復、大阪－門司間1往復が運転されている。この列車はダイヤ上は毎日運転で復員船が入港し復員輸送のあるときは一般旅客乗車制限となり、ないときは一般旅客に開放されたため、時刻表には臨時列車と表示され「臨時列車ご利用の際は始発駅にお問い合わせください」と記載された。

03-5 東京－鹿児島間急行の復活

　復活した急行は2往復とも東京－門司間であったが、地元福岡からは博多延長が要望され、昭和22（1947）年5月25日から門司－博多間の荷物列車に併結され博多へ延長された。同年6月29日（一部は6月21日）から全国的に急行、準急列車が復活し、門司港－鹿児島間に急行11、12列車が、門司港－宮崎間に準急501、502列車が復活した。東京－博多間急行1、4列車は門司－博多間で11、12列車を併結し実質的に東京－鹿児島間の列車になった。昭和17（1942）年11月、関門トンネル開通時の東京－鹿児

島間急行7、8列車の復活でもある。昭和22（1947）年11月時点の東京、関西－九州間の主な列車の時刻は次の通り。（時刻表復刻版終戦直後編昭和22年大型特集号から）

（下り）
急行1列車　東京7:40－大阪19:16/19:30－門司9:40/10:17－博多11:54
普通8011列車　東京9:02－大阪23:03/23：20－門司16:38/17:29－早岐23:58

急行 5 列車　東京18:30－大阪6:15/6:25－門司20:10

普通8017列車　東京22:40－大阪13:06/13:25－門司6:20/7:30－早岐14:07

普通8019列車　大阪16:52－門司7:20

普通231列車　大阪19:50－門司13:35

急行11列車　門司港10:00－博多11:54/12:05－熊本14:46/14:55－鹿児島19:20

準急501列車　門司港9:55－大分13:38/13:48－宮崎18:33

（上り）

普通8012列車　南風崎15:40－門司22:58/23:08－大阪15:02/15:35－東京5:55－上野6:25

急行 8 列車　門司8:55－大阪22:26/22:34－東京10:35

普通8018列車　南風崎0:45－門司8:23/9:10－大阪3:13/4:00－東京18:40

急行 4 列車　博多16:31－門司18:19/18:40－大阪8:53/9:10－東京21:30

普通220列車　門司5:20－大阪22:00

普通8020列車　門司21:38－大阪13:21

急行12列車　鹿児島9:10－熊本13:40/13:48－博多16:22/16:31－門司港18:25

準急502列車　宮崎9:37－大分14:23/14:33－門司港18:20

　8000番台の復員列車はこの頃になると復員・引揚者は減少して一般輸送力列車になっていた。東京から九州まで走り続ける長距離ドン行列車で、南風崎・早岐という難読駅を始発終着駅としていることから当時の旅客に親しまれた。

03-6 東京－長崎間準急の登場

　1948年7月、戦後初の全面的ダイヤ改正が行われ、急行・準急が増発された。これまでは戦争末期のダイヤをもとに列車の廃止、復活を繰り返していたが、列車の混雑による編成両数の増加、石炭の炭質低下を考慮し、新たにダイヤを引き直したものだがスピードはダウンした。戦争末期から続けられてきた長距離乗車券の発売制限も全国的に解除され戦後の輸送難も改善の方向に向かった。この改正で東京－長崎間に長距離準急列車が登場し、東京－長崎間の直通列車が4年ぶりに準急として復活した。時刻は次の通りであるが、7月の改正時は大阪－長崎間の運転で8月2日から東京－長崎間の運転となったが、下りは二晩夜行で東京－長崎間38時間を要している。東京－博多間急行と門司港－鹿児島間急行を一本化し、東京－鹿児島間急行1、2列車となった。これで東京－九州間急行、準急は3往復となり、大阪－門司間には夜行準急1往復が登場している。この列車が戦後における関西－九州間優等列車の最初である。

（下り）

準急2023列車　東京23:50－大阪13:09/13:30－門司6:20/6:50（大村線経由）長崎14:09

準急2031列車　大阪17:00－門司8:35

（上り）

準急2024列車　長崎8:00（大村線経由）門司15:11/15:25－大阪6:34/6:50－東京19:45

準急2032列車　門司21:30－大阪12:56

　8000番台の臨時列車は山陽本線関連では大阪－門司間1往復だけとなっている。この頃になると復員船、引揚船の入港が少なくなっていたからである。

　1949（昭和24）2月東海道本線沼津－静岡間、5月に静岡－浜松間の電化が完成し、東京－浜松間の電気運転が開始され、この頃から国鉄の復興は本格化した。同年9月15日改正では戦後初の特急が東京－大阪間に登場し「へいわ」と命名された。この改正で東京－長崎間準急は急行（41、44列車）となりスピードアップされ、あらたに京都－門司間に急行（3、4列車）が登場した。それまでの大阪－門司間準急は大阪－博多間準急（211、212列車）となった。これらを整理すると次のようになる。

（下り）

準急211列車　京都17:56－大阪18:43/18:55－門司8:25/8:32－博多10:11

急行41列車　東京7:30－大阪19:43/20:10－門司9:10/9:56－長崎17:33

急行3列車　京都22:55－大阪23:35/23:45－門司12:17
（上り）
急行4列車　門司16:05－大阪4:57/5:10－京都5:52
急行44列車　長崎11:45－門司18:46/19:03－大阪8:10/8:30－東京20:30
準急212列車　博多20:00－門司21:40/22:00－大阪11:20/11:35－京都12:21

　このほか東京－鹿児島間急行（1、2列車）、東京－門司間急行（5、6列車）が運転されている。また1949年9月からそれまで列車指定制で発売枚数に制限のあった急行券の発売制限がなくなり自由販売となった。
　同年12月1日から、京都－門司間急行3、4列車が東京－長崎間となり、それまでの急行41、44列車は東京－博多間となった。東京－長崎間となった急行3、4列車の時刻は次の通りである。

急行3列車　東京13:00－大阪発23:45－長崎19:08
急行4列車　長崎9:20－大阪5:10－東京16:00

03-7　戦前の水準に戻る1950（昭和25）年10月改正

　国鉄の復興は目に見えて進み、翌1950（昭和25）年5月、特急「はと」が登場して東海道線特急は2往復となり、（「へいわ」は同年1月から「つばめ」と改称）特急の東京－大阪間所要時間は8時間となって戦前の水準に戻った。同年10月1日には全国ダイヤ改正が行われ、東京、大阪と各地を結ぶ急行列車もおおむね戦前の水準に戻った。この改正で東京－九州間急行は4往復、関西－九州間準急が1往復となった。この改正時における東京－九州間、関西－九州間の優等列車時刻は次の通りである。同年11月から国鉄本社で急行列車に愛称が付けられたのであわせて記載する。

（下り）
急行31列車「阿蘇」東京8:00－大阪18:03/18:15－門司6:05/6:20－熊本10:33（筑豊本線経由）
急行33列車「きりしま」（1、2、3等編成、1等寝台、食堂車）
東京10:00－大阪20:22/20:40－門司8:55/9:07－鹿児島18:00
準急205列車　京都17:53－大阪18:34/18:50－門司7:23/7:29－博多9:11（都城16:56）
急行35列車「雲仙」東京13:00－大阪22:52/23:10－門司10:50/11:02－長崎17:05（大村線経由）
急行37列車「筑紫」（1、2、3等編成、1等寝台）
東京21:00－大阪7:52/8:00－門司19:25/19:34－博多21:05

（上り）
急行38列車「筑紫」（1、2、3等編成、1等寝台）
博多9:00－門司10:23/10:32－大阪21:33/21:40－東京8:38
急行36列車「雲仙」長崎12:30－門司18:32/18:43－大阪6:00/6:10－東京16:23
急行34列車「きりしま」（1、2、3等編成、1等寝台、食堂車）
鹿児島10:30－門司19:29/19:45－大阪8:31/8:40－東京18:55
準急206列車（都城12:10）博多20:00－門司21:38/21:52－大阪11:17/11:35－京都12:22
急行32列車「阿蘇」熊本18:00－門司22:21/22:32－大阪9:57/10:05－東京20:08（筑豊本線経由）

　戦前最盛期の1940（昭和15）年前後と比べると、山陽本線に関しては寂しくなった。これは敗戦によって海外植民地や勢力圏を失い、大陸との交流がなくなって国内輸送だけになったことを反映している。大阪を朝発車する昼行急行は「筑紫」だけだが、東京発のため大阪からは座れないとの苦情もあったと思われる。長距離普通列車も東京－門司間1往復、京都・大阪－門司間2往復、大阪－八代（上り熊本）間1往復が運転されている。「きりしま」「筑紫」に連結された1等寝台車は1948年11月に登場したマイネ40形（後のマロネ40形）で、占領軍の強い指示で製造された。当初は訪日外国人優先で、後に日本人も乗れるようになったが、運賃・料金とも著しく高く「走るインフレ」と皮肉られた。

04 特急かもめ登場とディーゼル化、電化の進展

04-1 特急「かもめ」運転開始

東京－大阪間に特急が復活すると山陽、九州方面からも特急運転の要望が強くなった。1951（昭和26）年になると、山陽特急の運転が具体化し、交通新聞では「軌道に乗る山陽特急、民間航空の動きに対抗、今秋には実現と」と題して報道された。「現在までに決定した方針は昔の富士号、櫻号のように東京－下関を通す特急は戦後の経済社会の動向から不適当であり、東京－大阪、大阪－博多に分け、大阪、博多をそれぞれ朝出発し、夕方到着する昼行特急を運転することになった」「停車駅は神戸、姫路、岡山、広島、小郡、下関、門司の7駅で、輸送局では10月のダイヤ改正から実施したい意向である」（1951年3月9日、交通新聞）3月下旬には門司鉄道管理局による「非公式」試運転も行われ、地元の期待の大きさが現れている。特急用3等客車スハ44、スハフ43、スハニ35形あわせて49両は1951年4月に緊急整備の名目で新製が決定し、同年8月から10月にかけて完成したが、新製両数は既設の「つばめ」「はと」置き換えのほか、不定期特急「さくら」（東京－大阪間）の定期化、山陽特急の新設を見込んで算定された。これは本社サイドでも山陽特急の運転がかなり具体化していたことの証左であろう。

ところが山陽特急の新設は見送られた、この頃炭鉱労働者のストライキが繰り返されたが、長崎惣之助国鉄総裁（在任1951～55年）は同年9月の記者会見で炭鉱ストによる石炭不足問題を取り上げ、来年3月までの国鉄の石炭需要300万トンに対し現時点ではその8割程度が確保される見通しだが、残りは今後の石炭会社との交渉にかかっている、としたうえで「10月に予定されるダイヤ改正も現状維持の修正程度で、山陽特急の新設やその他の増発は年度内は困難」と述べた（1951年9月26日、交通新聞）。「かもめ」運転の延期は石炭の調達に不安があったことが理由となるが、筆者は1950年6月に勃発した朝鮮戦争で数多く運転された米軍の軍用列車（兵器およ

び兵員輸送）の影響もあると考えている。朝鮮戦争中には太平洋戦争中を上回る規模で軍用列車が運転され、戦車など米軍の兵器輸送優先で貨物輸送に大きな影響がでてかなりの滞貨が発生したが、当時の一般新聞にも交通新聞にもそのような報道は見られない。

1951年4月から大阪－博多間臨時急行3033、3034列車（毎日運転）が運転開始された。東京発着「きりしま」と「雲仙」の間を走り、山陽区間における混雑緩和、大阪からの座席確保が主眼だった。この列車は翌1952年9月から定期化され、1953年3月から東京－博多間となり「げんかい」と命名された。また1952年4月から、それまでの進駐軍専用列車2往復（東京－佐世保間）が「特殊列車」となり、一般日本人も制限付きながら利用できることになったが、「アメちゃん列車」と呼ばれなんとなく敬遠する雰囲気があったという。この列車は1954年10月から「西海」「早鞆」と命名された。

1953（昭和28）年3月15日改正時から山陽特急「かもめ」（京都－博多間）の運転が開始され、東京－博多間の急行「筑紫」が鹿児島まで延長され「二晩夜行」になった。「げんかい」の東京延長で関西－九州間優等列車はふたたび準急205、206列車（京都－博多間）だけになった（この列車の都城編成は1951年11月から分離され、「阿蘇」併結で東京発着となった）。この時点での「かもめ」「筑紫」の時刻は次の通りである。

（下り）
特急5列車「かもめ」 京都8:30－大阪9:06/9:10－門司17:54/17:58－博多19:10
急行39列車「筑紫」 東京21:30－大阪8:30/8:40－門司20:35/20:50－鹿児島5:45
（上り）
特急6列車「かもめ」 博多10:00－門司11:12/11:16

－大阪20:00/20:03－京都20:40
急行40列車「筑紫」鹿児島23:30―門司9:09/9:18
－大阪20:28/20:40－東京7:23

　「かもめ」は2、3等編成で特急に必須とされた1
等展望車はなく「B級特急」の観はぬぐえなかった。
この時、山陽・九州地区から東京直通特急の要望が
強くでていたが、大阪を有効時間帯に入れての特急
設定は困難で実現しなかった。「かもめ」の牽引機
は京都－下関間C59形、下関－門司間EF10形、門司
－博多間C57形で上りは広島－八本松間でD52形の
補機を連結した。「かもめ」のスハ44形は一方向き
2人掛け座席のため終着駅での編成転向が必要で、
京都側では京都－梅小路－丹波口間の三角線で、博
多側では編成の京都方にC11形を連結し、博多－香
椎－（香椎線）－酒殿－（貨物線）－志免－（勝田線）

－吉塚－竹下のルートで転向を行い1時間43分を要
していた。これはC11形逆向き牽引で博多を出発し、
香椎で反対側に付け替え「正方向」で酒殿経由、貨
物線志免炭鉱へ。ここでC11形を編成後方に付け替
え推進運転で勝田線志免の東方にある勝田線と貨物
線の分岐点付近へ、ここからC11形逆向き牽引で吉
塚から鹿児島本線へ入り竹下客貨車区（門タケ）へ向
かうという複雑なルートであった。（注）

　（注）鉄道ファン1976年9月号「特急物語かもめはみどり」から。
なお、鉄道ジャーナル1994年2月号P120にはこの転向の経路や香
椎駅構内配線、酒殿－志免間貨物線の線路図が掲載されている。そ
れまで博多での「かもめ」転向列車はC59が牽引し、最徐行運転だっ
たとの説が散見されたがこの記事によって否定される。なお、拙著
「国鉄優等列車列伝、寝台特急さくら・みずほ」P21で「かもめ」の
博多での転向ルートを吉塚－（勝田線）－志免－（短絡線）－酒殿－
（香椎線）－香椎と記したが、これは誤りで上記のように訂正させて
いただく。

04-2　東海道本線全線電化と 関西－九州間優等列車

　1956（昭和31）年11月19日、東海道本線全線電化
が完成し、全国ダイヤ改正が行われた。山陽本線関
連では「第4の特急」として東京－博多間夜行特急
「あさかぜ」がこれまでの常識を破る大阪深夜通過、
急行用客車の寄せ集め編成で登場したことが特筆さ
れる。東京－九州間急行は進駐軍専用列車を「出自」
とする2往復も加わって7往復となった。関西－九
州間優等列車は昼行特急「かもめ」、夜行急行「天草」
「玄海」の3往復となった。これ以降は東京－九州
間列車は概略にとどめ、関西－九州間列車を中心に
記述することにしたい。この改正における関西－九
州間優等列車は次の通りだが、食堂車、寝台車など
の記載はこれ以降省略する。特急に食堂車、急行に
「特ロ」（特別2等車）、夜行急行に2等および3等寝
台車の連結は「常識」となっていたからである。3
等寝台車（ナハネ10型）は1956年3月から東海道夜
行急行に連結され、それ以降全国の夜行急行に連結
され大好評を博した。

（下り）
特急5列車「かもめ」京都8:30－大阪9:06/9:10－
門司17:58/18:02－博多19:10
急行201列車「天草」京都20:10－大阪20:47/21:00
－門司7:54/8:02－熊本12:03
急行203列車「玄海」京都22:10－大阪22:48/23:00
－門司10:20/10:27－長崎16:02（大村線経由）
（上り）
急行204列車「玄海」長崎12:15－門司18:14/18:25
－大阪5:20/5:30－京都6:10（大村線経由）
急行202列車「天草」熊本16:40－門司20:32/20:38
－大阪7:29/7:42－京都8:19
特急6列車「かもめ」博多10:00－門司11:07/11:11
－大阪20:00/20:03－京都20:40

　そのほか、東京－鹿児島間の二晩夜行「筑紫」は「さ
つま」と改称された。もと進駐軍専用列車の「早鞆」
（東京－博多間）は「筑紫」と改称され、山陽区間を
走る昼行急行は2往復となった。長距離ドン行列車
は東京－門司間1往復、京都－鹿児島間1往復、大阪
－水俣（上りは八代）間1往復がある。

04-3 取り残される特急「かもめ」

　「かもめ」の時刻は1953年３月の登場時と変わらず、大阪−博多640kmを10時間で走っていたが、博多での編成転向に１時間43分を要し、その合理化が問題となった。そこで門司鉄道管理局では「かもめ」スハ44系の転換クロス化を本社に提案し、「スハ44系が転換クロス化されたら「かもめ」に戻す」ことを条件に門鉄局では「虎の子」スハ44系を手放し1957（昭和32）年６月５日（下りは翌日）から３等車は軽量客車ナハ11系となった（鉄道ファン1976年５月号「つばめの客車よ！さよなら、スハ44系客車小史」から）。１号車（博多方）に至っては鋼体化客車オハニ36形（座席はスハ43系と同じ）となり、特急らしからぬ特急となってしまった。しかもスハ44系は同年夏より東海道線不定期特急「さくら」に転用され、九州に戻ることはなかった。当時の国鉄本社の地方軽視、東京優先、東海道優先体質が現れている。
　東海道本線全線電化時も山陽本線直通列車は京都で蒸気機関車に付け替えており、「かもめ」は京都からC59形が牽引した。1958（昭和33）年４月、西明石−姫路間が電化され、同年10月時点では京都−姫路間EF58形、姫路−下関間C62形（広島で交代）、下関−門司間EF10形、門司−博多間C59形である。
　1958（昭和33）年10月から「あさかぜ」は「動くホテル」と呼ばれる20系特急客車となり、前年登場の「さちかぜ」が「平和」になり、東京−鹿児島間「はやぶさ」が登場し、東京発着の特急は５往復となった。東京発着特急の列車番号は下り発車順に１〜10列車となり、そのあおりでそれまでの５、６列車「かもめ」は201、202列車となり急行のような列車番号になってしまった。翌1959年７月に「平和」（→さくら）が、1960年７月には「はやぶさ」が空調完備、空気ばねで快適な乗り心地の20系特急客車になると、非冷房で急行と同じ向い合わせ固定座席の「かもめ」はますます取り残されることになった。この1958年10月から、「はやぶさ」登場に伴い東京−鹿児島間二晩夜行の急行「さつま」は九州内（門司港−鹿児島間）となり、山陽本線全線を走る昼行急行は1往復（筑紫）となった。

04-4 ディーゼル急行「山陽」登場

　翌1959（昭和34）年９月22日改正時から急行「天草」は大分発着の「くにさき」を併結した。1960（昭和35）年６月改正時から都城に延長され「日向」となって京都−門司間は「天草」に併結された。同時に岡山−博多間にキハ55系によるディーゼル急行「山陽」が登場した。大型蒸気機関車C59、C62形の牙城だった山陽本線に登場した気動車優等列車で所要時間も「かもめ」とほとんど変わらず、煙から解放された蛍光灯の明るい車内と高速運転は好評で気動車の優位性が明らかになった。1960年６月時点の「山陽」「かもめ」の時刻は次の通り。

（下り）
急行401D「山陽」岡山7:00−広島9:21/9:27−門司13:05/13:08−博多14:18
特急201列車「かもめ」京都8:30（大阪9:10）−岡山11:36/11:39−門司17:40/17:44−博多18:55
（上り）
特急202列車「かもめ」博多10:15−門司11:26/11:30−岡山17:31/17:34（大阪着20:00）京都20:40
急行402D「山陽」博多13:50−門司15:00/15:03−広島18:41/18:46−岡山21:25

1961年10月、ディーゼル特急「かもめ」「みどり」登場

　1961（昭和36）10月1日に行われた全国ダイヤ改正は史上最大といわれ、ダイヤを白紙に戻して新たに書き直すことから「白紙改正」ともいわれた。この改正の主眼はディーゼル特急の大増発で、北は旭川、南は宮崎、西は長崎までキハ80系ディーゼル特急が走ることになった。地方幹線においては戦前の1934年12月改正時点の最速列車所要時間がディーゼル特急の出現で27年ぶりに更新された線区も多い。山陽本線関連では特急「かもめ」がディーゼル特急となって長崎、宮崎まで延長され、あらたに大阪－博多間に「みどり」、大阪－広島間に「へいわ」が登場した。急行列車では京都、大阪発着の九州行がそれまでの2往復から5往復となり、関西からの乗客にとって座席確保が容易になった。また、前例がない名古屋－九州間の急行も2往復登場した。1961年10月改正時における名古屋、関西－九州間の特急、急行列車の時刻は次の通りである。

（下り）
特急1D「かもめ」京都8:00（大阪8:35）－小倉16:32/16:35－長崎20:05（宮崎22:00）
急行601列車「さつま」（京都－岡山間「だいせん」大社行を併結）
名古屋8:05－大阪11:00/11:10－門司21:11/21:26－鹿児島5:55
特急3D「みどり」（東京7:00「第1こだま」から接続）
大阪13:40－門司21:31/21:32－博多22:35
急行201列車「日向」京都19:22（大阪20:00）－門司6:22/6:27－（別府着9:07）都城15:01
急行203列車「ひのくに」大阪20:15－門司6:28/6:38－熊本1015（寝台列車）
急行205列車「玄海」京都20:00（大阪20:45）－門司7:09/7:15－長崎12:47
急行207列車「天草」京都20:35（大阪21:25）－門司7:36/7:42－熊本11:46（筑豊本線経由）
急行209列車「平戸」大阪21:50－門司8:22/8:27－佐世保12:30
急行603列車「阿蘇」名古屋19:20－大阪22:24/22:31－門司8:58/9:05－熊本13:05

（上り）
急行604列車「阿蘇」熊本15:15－門司19:02/19:13－大阪5:32/5:37－名古屋8:42
急行202列車「日向」都城12:40（別府発18:12）－門司20:55/21:01－（大阪着7:15）京都7:59
急行210列車「平戸」佐世保17:04－門司21:07/21:13－大阪7:45
急行206列車「玄海」長崎16:35－門司21:29/21:34－（大阪着8:28）京都9:08
急行208列車「天草」熊本18:08－門司22:11/22:24－（大阪着9:07）京都9:53（筑豊本線経由）
急行204列車「ひのくに」熊本19:15－門司22:58/23:03－大阪9:15（寝台列車）
特急4D「みどり」博多7:25－門司8:27/8:28－大阪16:20（「第2つばめ」に接続、東京着23:00）
急行602列車「さつま」（岡山－京都間、大社発「だいせん」を併結）
鹿児島23:00－門司7:22/7:30－大阪17:58/18:03－名古屋21:10
特急2D「かもめ」（宮崎8:00）長崎9:50－小倉13:21/13:26－（大阪着21:25）京都22:00

　改正当初は慎重を期して「みどり」を運休し、向日町運転所（大ムコ）配置の2編成12両を「かもめ」「白鳥」車両故障時の組換え用として青森、秋田、長崎、宮崎の車両基地に3両ずつ配置する措置がとられ、また竹下、長崎に非常時の特発用として急行用気動車7両が配置された。「みどり」はキハ80系の性能の安定を待って同年12月15日（上りは翌日）から運転開始された。大阪駅で下り特急「第1こだま」上り「第2つばめ」と接続し、東京－博多間の日着が可能になったが、乗り継ぎ客はほとんどなく「通しの特急券」も発売されなかった。

　改正前6往復あった東京－九州間急行は東海道線内の電車急行増発で4往復となったが、この改正から初の名古屋発着の九州方面への急行が2往復登場した。これは中京工業地帯の発展で九州からの集団就職が増え、東海三県（愛知、岐阜、三重）と山陽、九州との人の交流が盛んになったためで人の移動の変

化を物語るものである。

　長距離普通列車については、この改正で東京－門司間普通111、112列車が下りは姫路、上りは大阪で「系統分割」された。関西－九州間は大阪－門司間昼行1往復、京都－鳥栖間夜行1往復、大阪－八代間夜行1往復が引き続き運転されている。(注)

　翌1962(昭和37)年6月10日、広島までの電化が完成し。下り「第1つばめ」上り「第2つばめ」が東京－広島間となった。それに伴い「へいわ」が廃止され、上り「みどり」からの接続列車は「第2こだま」となった。

　1963(昭和38)年10月、大阪－西鹿児島間に急行「しろやま」が登場した。初の北九州・博多を深夜通過する列車で山陽地区と九州南部を直結し、大阪－広島間の利用も目立った。時刻は次の通り。

急行2201列車「しろやま」 大阪14:45－広島20:33/20:40－門司1:12/1:18－西鹿児島9:30
急行2202列車「しろやま」 西鹿児島19:30－門司3:28/3:34－広島7:53/8:05－大阪14:05

（注）長距離普通列車については拙著「昭和・平成を駆け抜けた長距離鈍行列車」を参照されたい。

04-6 山陽本線全線電化、「つばめ」「はと」九州へ

　1964(昭和39)年は国鉄史上最も輝いていた年であろう。同年10月1日、東海道新幹線開通、山陽本線全線電化に伴うダイヤ改正が行われ、特急「つばめ」「はと」は山陽本線に「転進」し、東海道で活躍していた151系電車で新幹線に接続し博多まで運転された。また、ディーゼル特急「みどり」は新幹線接続の新大阪－熊本、大分間列車となり、東京からの日着圏が熊本、大分まで広がった。東京、名古屋および関西－九州間急行はおおむね従来のままで、東京－博多間の急行「筑紫」は夜行区間の東京－大阪間が廃止され、大阪－博多間の昼行急行「つくし」となった。この1964年10月改正での東海道新幹線は「ひかり」4時間「こだま」5時間運転で山陽本線は従来のダイヤを修正した程度で全面的な改正ではない。この改正時の関西－九州間特急の時刻は次の通りである。新大阪－下関間の151系特急「しおじ」の時刻もあわせて掲載する。

（下り）
特急1D「かもめ」京都8:00（大阪8:35）－小倉16:32/16:35－長崎20:08（宮崎22:01）
特急3D「みどり」（東京6:00「ひかり1号」から接続）新大阪10:30（大阪10:40）－小倉18:45/18:47－熊本21:35（大分21:10）
特急1M「つばめ」（東京8:00「ひかり5号」から接続）新大阪12:20（大阪12:30）－門司20:19/20:24－博多21:30
特急3M「はと」（東京9:00、「ひかり7号」から接続）新大阪13:30（大阪13:40）－門司21:34/21:39－博多22:45
特急2009M「しおじ」（東京11:00「ひかり11号」から接続）新大阪15:20（大阪15:30）－下関23:20
（上り）
特急2010M「しおじ」
下関6:30－（大阪着14:25）新大阪14:35（「ひかり18号」に接続、東京着19:00）
特急2M「はと」
博多7:10－門司8:17/8:22－（大阪着16:20）新大阪16:30（「ひかり22号」に接続、東京21:00）
特急4M「つばめ」
博多8:45－門司9:52/9:57－（大阪着18:02）新大阪18:12（「ひかり26号」に接続、東京23:00）
特急4D「みどり」
（大分9:10）熊本8:30－小倉11:17/11:23－（大阪着19:25）新大阪19:35（「ひかり28号」に接続、東京着24:00）
特急2D「かもめ」（宮崎8:00）長崎9:50－小倉13:22/13:29－（大阪着21:25）京都22:00

　「つばめ」「はと」は東海道電車特急から転用された151系電車を使用したが、直流電車であるため交

流電化の九州に乗入れることができず、下関以西は電源車サヤ420形を連結し、下関－門司間EF30形、門司－博多間ED73形に牽引された。これは交直流特急車481系の製造が1964年10月改正に間に合わなかったからである。間に合わすためには6～7月頃に車両が完成し、試運転や関係者への講習を行う必要があるが、国鉄は新幹線の開業準備に忙殺され、車両メーカーは新幹線車両の製造がピークを迎えており「手がまわらなかった」からであろう。481系電車は同年10月下旬に落成し、12月25日から特急「雷鳥」（大阪－富山）、「しらさぎ」（名古屋－富山）として登場した。

関西汽船別府航路小史

別府観光開発の担い手

　関西と九州とをむすぶ交通機関として瀬戸内海航路がある。なかでも関西汽船の別府航路は戦前からの長い歴史があり、戦後は1960年代から新鋭観光船が就航し、新婚旅行はじめ多くの観光客、ビジネス客、修学旅行生を九州へ運んだ。戦前の別府航路は大阪商船によって運行されていた。大阪商船は1884年（明治17）年、大阪と山陽、四国、九州各地を結ぶ瀬戸内海航路を運営していた中小の海運会社を集約して成立した。半官半民色の強い日本郵船に対し、大阪商船は当初から民間主導であった。別府航路は1912（明治45）5月、大阪豊後線（阪神－高松－高浜－別府－大分県諸港間）として開設され紅（くれない）丸（初代）が中国揚子江の客船を改装して就航した。これは温泉地である別府の観光開発のためで、それまで3日がかりだった九州行きを2日に短縮した。1914（大正3）年には大阪別府線と改称され、翌1915年から阪神－高松－高浜（松山）－大分－別府間となった。別府の観光開発の立役者であり、地元のバス会社亀の井バスの創立者である油屋熊八（1863－1935）は別府航路の発展に尽力し大型船導入を働きかけ、1921（大正10）年には紫（むらさき）丸、1924年（大正13）年に二代目の紅（くれない）丸が就航し、観光船2隻体制となった。1925年、油屋は「山は富士、海は瀬戸内、湯は別府」の標柱を富士山頂に建ててPRした。

　1927年末から毎日運航となり、1927～28年には近代的外観の緑丸、菫（すみれ）丸が就航して毎日2便体制となった。昭和5（1930）年10月の「汽車時間表」（復刻版）に掲載された大阪商船大阪－別府間航路の時刻は次の通り。

（別府行）
昼便　大阪天保山14:00－神戸三宮15:40－高松21:20－高浜4:20－別府9:50
晩便　大阪天保山20:20－神戸三宮22:00－今治7:20－高浜9:40－別府15:00

（大阪行）
昼便　別府11:50－西大分12:40－高浜18:20－今治20:50－神戸三宮着6:10－大阪天保山7:50
晩便　別府18:00－西大分18:40－高浜0:00－高松6:50－神戸三宮着11:30－大阪天保山13:00

　就航船は昼便が紫丸、紅丸、屋島丸、夜便が菫丸、緑丸、屋島丸となっている。

戦中戦後の苦難

　日中戦争勃発で準戦時体制になるとその影響が別府航路にも及び、「時間表」昭和15（1940）年3月号では1939年9月改正時刻として毎日1便（大阪16:30－別府10:50、別府13:30－大阪8:40）になっている。日米開戦後の1942（昭和）年7月、燃料不足、船腹不足に対処するため国策として大阪商船から内航部門を分離し、他の6社と共同で関西汽船が設立された。関西汽船発足時、別府航路は毎日1便が運行され、乗客は1航海平均950人ほどだったが、時刻表昭和17（1942）年11月号（復刻版）には掲載されていない。戦争末期の1945年1月の時刻を掲載した時刻表昭和19（1944）年5号（復刻版）には「大阪商船、阪神・高松・高浜・別府間」として掲載され毎日1便（大阪12:30－別府12:00、別府15:30－大阪15:00）で1939年より所要時間は延びている。1945年になると米軍の機雷投下で瀬戸内海の運航は危険となり、5月には運休状態となった。

1945（昭和20）年10月7日、船舶運営会による戦後の別府航路第1船、室戸丸が大阪を出港してまもなく、大阪港入口3マイル沖で触雷して沈没、乗客572名中355名が犠牲になった。

翌1946（昭和21）年3月、船舶運営会により別府航路の定期運行が再開され紫丸が就航した。（僚船の紅丸は1944年にフィリピン沖で沈没）翌4月から自営（関西汽船）運航となり、「に志き丸」などで月6〜9回程度、夏には「こがね丸」などが加わって週6便運航にまで回復し乗客が殺到して乗船者が2,500人を超え超満員であった。時刻表復刻版（終戦直後編）昭和21（1946）年8月号には別府航路の同年4月1日改正時刻が掲載され、時刻は次の通りで神戸、高松、高浜（松山）に寄港した。

（別府行）大阪12:30－神戸14:30－高松22:00－高浜7:00－別府14:00
（大阪行）別府12:30－高浜20:30－高松6:30－神戸着14:00－大阪15:30

欄外には「4日目毎、当分神戸起点とし大阪不寄港」と記載されている。大阪を出港してから戻るまで4日かかるから、大阪発別府行は4日に1回運航となる。

時刻表昭和21（1946）年12月号（復刻版）には同年7月1日現在、大阪12:30－別府翌日10:30、別府15:30－大阪翌日13:30となっていて備考欄に「当分の間3日に2回運航、就航船に志き丸、すみれ丸」と記載されている。関西汽船では列車本数が極端に減らされた1947（昭和22）年1月から大阪－門司間航路を開設し、「海の山陽線」と名付け、むらさき丸（紫丸を改称）、那智丸で月20航海を行ったが、同年8月から大阪別府航路が毎日運行になったことに伴い休止された。時刻表（復刻版）昭和22（1947）年12月号には同11月1日現在の時刻が掲載され大阪13:30－別府翌日11:30、別府15:30－大阪翌日13:30となっていて備考欄に毎日2回運航、就航船にしき丸、すみれ丸、むらさき丸となっている。このダイヤなら3船で毎日運行が可能で、毎日2回運航とは毎日1便の意味である。

1948年10月から毎日2便になったが、翌1949年2月から毎日1便に戻った。この体制はしばらく続き、1954（昭和29）年9月から毎日2便で戦前最盛期に戻った。国鉄で全国ダイヤ改正があった1956年11月号（復刻版）掲載の大阪－別府間時刻は次の通り。

（別府行）大阪16:20－神戸18:00－高松23:00－高浜5:40－別府11:00

大阪19:20－神戸21:00－今治6:10－高浜8:40－別府14:00

（大阪行）別府13:30－大分14:10－高浜19:30－今治22:00－神戸着7:00－大阪8:40

別府16:30－大分17:10－高浜22:30－高松5:10－神戸着10:00－大阪11:40

当時、関西と別府を結ぶ列車は急行「高千穂」（東京－西鹿児島間、日豊本線経由）があり、大阪－別府間約14時間だったが、大阪や大分、別府からでは途中駅からのため座席確保に不安があり、多少時間はかかってものんびりと横になれる船を選ぶ人が多かったはずである。

新型観光船の登場

昭和30年代に入ると人々の暮らし向きも向上し、観光旅行客も増えてきた。瀬戸内海は多島海で四季折々変化に富んだ風光は世界屈指といわれる。関西汽船では3000トン級の新型観光船を導入し、1960（昭和35）年「くれない丸」（3代目）、「むらさき丸」（2代目）が就航した。大阪－別府間昼行を可能にする高速性能を備え、設備も特等、1等は個室で新婚旅行客から絶大な人気を博し、1年前から予約で埋まっているといわれた。特等、1等食堂ではフルコースの食事を味わうことができ、バーやミニシアターもあり海外旅行が自由化されていない時代にあって、今でいうクルーズ気分を味わうことができた。

1961（昭和36）年10月の時刻表の関西汽船阪神－別府航路は毎日3便となっている。

時刻は次の通り。◎は「くれない丸」「むらさき丸」で運賃のほか観光便特別料金を必要とした。

（別府行）
◎大阪7:20－神戸8:40－高浜着17:10－別府21:20
大阪16:30－神戸18:00－高松22:50－高浜着5:00－別府10:10
大阪20:00－神戸21:40－今治6:50－高浜着9:10－別府14:40

27

（阪神行）
別府14:30－高浜19:40－今治22:00－神戸着6:40－大阪8:10
別府17:30－大分18:00－高浜23:10－高松6:00－神戸着10:50－大阪12:20
◎別府23:00－高松8:10－神戸12:00

「くれない丸」「むらさき丸」は神戸に戻ってから観光便として高松まで1往復して夜大阪に戻った。その時刻は神戸13:10－高松17:00、高松17:40－神戸着21:30－大阪22:40である。この時点の国鉄と比べると、下り特急「第1富士」は三ノ宮発14:55、宇高連絡船乗り換えで高松着18:40、上り特急「うずしお」は高松発17:40の宇高連絡船から接続して神戸着21:34、大阪着22:00である。神戸－高松間では特急と互角だった。

乗り場の移転も進み、大阪は1965年7月から弁天ふ頭に移った。別府は1967年7月から別府観光港に発着し、松山も1967年に高浜から松山観光港に移った。

観光船は人気で1963年に「すみれ丸」（2代目）、「こはく丸」が、1967年には「あいぼり丸」「こばると丸」が就航して観光船6船体制となった。大阪万博が開かれ別府航路最盛期でもある1970年6月時点の時刻は次の通りで毎日4便である。◎は観光便で運賃のほか観光便特別料金が必要。

（別府行）
◎大阪7:20－神戸8:40－松山17:10－別府21:30
◎大阪16:30－神戸18:00－高松22:10－別府7:10
大阪19:30－神戸21:10－今治5:50－松山8:20－別府13:40
◎大阪21:00－神戸22:30－今治5:10－松山7:00－別府11:10
（阪神行）
◎別府8:10－松山12:20－高松17:30－神戸21:20－大阪22:40
別府15:00－松山20:10－今治22:30－神戸7:00－大阪8:40
◎別府17:00－松山21:10－今治23:00－神戸5:40－大阪7:00
◎別府22:30－高松8:00－神戸11:50

就航船は観光便が「くれない丸」「むらさき丸」「すみ

れ丸」「こはく丸」「あいぼり丸」「こばると丸」普通便が「るり丸」「にしき丸」「こがね丸」となっている。

瀬戸内海フェリー時代の到来

1968年8月、阪九フェリーが神戸－小倉間に開設され瀬戸内海にもフェリー時代が訪れた。1970年2月にはダイヤモンドフェリーの神戸－松山－大分間が開設されたが、関西汽船の反発から旅客だけの乗船は認められなかった。関西汽船側もフェリーを導入することになり、1971年に「ゆふ」「まや」（翌年から「ゆふ丸」「まや丸」と改名）が就航し、観光船8船体制となった。積めるのは乗用車50台だけで「ガレージ付き客船」と揶揄された。

1971年10月大分空港が市内から国東半島へ移転しジェット機が就航、1973年の第一次石油ショックで関西汽船の業績が悪化、1975年3月の山陽新幹線の開通と別府航路を取り巻く情勢は一変した。別府航路への本格的フェリーの導入は遅れ、1980年に「フェリーこがね丸」「フェリーに志き丸」が就航し、1984年には「くるしま7」「クイーンフラワー2」が就航した。同年12月には「フェリーこがね丸」「フェリーに志き丸」に代わって「さんふらわあ」「さんふらわあ2」が就航したが、前年1983年3月には中国自動車道が全通して大きな影響をうけた。時刻表1985年3月号掲載の同年2月1日改正、大阪－別府航路の時刻は次の通り。

（別府行）
大阪弁天ふ頭14:20－神戸15:40－坂手着18:50－高松着20:10－別府7:00
★大阪南港19:00－神戸20:30－別府8:00（さんふらわあ、さんふらわあ2）
★大阪弁天ふ頭21:00－神戸22:30－今治着5:40－松山着7:35－別府11:55
（大阪行）
★別府16:30－松山21:05－今治23:00－神戸着6:00－大阪弁天ふ頭7:30
★別府19:20－神戸着6:50－大阪南港8:20（さんふらわあ、さんふらわあ2）
別府21:00－高松7:30－坂手8:50－神戸着11:50－大阪弁天ふ頭13:10

毎日3便でうち2便（★印）はフェリー、残り1便はあ

いぽり丸、こばると丸である。

1992（平成4）年は別府航路開設80周年、関西汽船設立50周年の記念すべき年で、新造大型フェリー「さんふらわあこがね」「さんふらわあにしき」が登場し、同時に「あいぽり丸」「こばると丸」が引退し、純客船の時代は終わった。これにより3便すべてがフェリーになった。

時刻表1993年3月号記載の別府航路時刻表から便別の使用船名を記す。

（別府行）
大阪弁天ふ頭13:50－別府6:30「くいーんふらわあ2」「くるしま7」（神戸、坂手、高松、今治寄港）
大阪南港18:40－別府7:40「さんふらわあ」「さんふらわあ2」（神戸寄港）
大阪南港20:15－別府9:30「さんふらわあこがね」「さんふらわあにしき」（神戸、松山寄港）
（大阪行）
別府17:10－大阪南港7:10「さんふらわあこがね」「さんふらわあにしき」（松山、神戸寄港）
別府19:00－大阪弁天ふ頭12:00「くいーんふらわあ2」「くるしま7」（今治、高松、坂手、神戸寄港）

別府19:40－大阪南港9:00「さんふらわあ」「さんふらわあ2」（神戸寄港）

1995年1月の阪神淡路大震災の影響で同年2月からは毎日2便運航となり、神戸港は被災のため翌96年3月まで寄港しなかった。1997年12月に「さんふらわあ2」に代わって「さんふらわああいぽり」が就航、1998年4月には「さんふらわあ」に代わって「さんふらわあこばると」が就航した。時刻表1998年4月号記載の4月8日改正時刻は次の通り。

（別府行）
大阪南港19:00－別府6:20「さんふらわああいぽり」「さんふらわあこばると」（寄港なし）
大阪南港21:00－別府10:40「さんふらわあこがね」「さんふらわあにしき」（神戸、松山寄港）
（大阪行）
別府17:10－大阪南港7:10「さんふらわあこがね」「さんふらわあにしき」（松山、神戸寄港）
別府19:00－大阪南港6:20「さんふらわああいぽり」「さんふらわあこばると」（寄港なし）

高松港に入港する関西汽船まや丸。まや丸はゆふ丸とともに1971年に就航し、乗用車だけを載せた。大阪（弁天ふ頭）～坂手（小豆島）～高松間航路に就航し高松14時20分着のまや丸を高松14時25分発の宇高連絡船から撮影。後方に宇高国道フェリーが見える。◎高松　1978（昭和53）年12月　撮影：山田 亮

「フェリーさんふらわあ」として運航

2003年4月にはダイヤモンドフェリーと共同運行を開始、2005年にはダイヤモンドフェリーと関西汽船が営業組織を統合し「フェリーさんふらわあ」（共同運航センター）を設立し営業一本化された。2008年1月からは大阪－別府間直行便は毎日1便となった。途中寄港便（神戸、今治、松山寄港）は大阪南港－大分間となり、関西汽船とダイヤモンドフェリーが隔日運行となった。

2009年9月、関西汽船㈱は㈱商船三井の完全子会社になった。同年10月には㈱商船三井が同じく完全子会社のダイヤモンドフェリー㈱とあわせて株式移転を実施し、親会社の㈱フェリーさんふらわあを設立。2011年10月、関西汽船㈱はダイヤモンドフェリー㈱とともに㈱フェリーさんふらわあに合併し解散した。現在、伝統の別府航路は㈱フェリーさんふらわあにより毎日1便が運航され「さんふらわああいぼり」「さんふらわあこばると」が就航している。現在「さんふらわあくれない」「さんふらわあむらさき」を建造中で2023年春から大阪－別府航路に就航すると発表されている。かつての「瀬戸内海の女王」くれない丸（3代目）は1981年に引退したがレストラン船に改装され1989年から「ロイヤルウイング」として横浜港で運航されている。「むらさき丸」（2代目）は1981年に引退し、87年に売却、解体された。

（参考文献）世界の艦船 2012年7月号
「別府航路100年の歩み」

高松港に停泊中の関西汽船あいぼり丸。あいぼり丸はこばると丸とともに1967年に別府航路に就航した。
◎高松　1978（昭和53）年12月　撮影：山田 亮

朝の高松に停泊している関西汽船くれない丸。別府発21時30分の夜行便で高松に7時頃到着、7時30分高松発で坂手（小豆島）経由大阪（弁天ふ頭）に向かう。特急「瀬戸」から接続する高松7時15分着の宇高連絡船から撮影。
◎高松
1978（昭和53）年12月
撮影：山田 亮

乗車記 京都から西鹿児島へ、583系電車下段寝台の旅

　1967（昭和42）年、筆者は中学2年生であった。その年の秋に登場した寝台電車581系が筆者の心を大きく捉えたことは言うまでもない。最初は新大阪—博多間「月光」で神奈川在住の筆者にとってすぐに行ける場所ではなかったが、毎月購読していた月刊「鉄道ファン」1967年10月号を発売日に入手して581系の新車紹介記事を読みふけった。当時の筆者は夜行列車の乗車体験はなく、581系や寝台車、夜行列車への想いは募るばかりだった。横浜駅や東京駅では20系寝台特急をよく眺めていたがどうやって座席を寝台にするのか興味津々だった。

　翌1968（昭和43）年10月には583系が登場し上野駅に姿を見せたはずだが、高校受験が近くすぐ見に行くことは憚られた。翌1969年2月下旬、高校に合格しさっそく上野駅へ行き「あこがれの583系」の車体内外を隅から隅まで眺めた。特に寝台は興味津々でパンタグラフ下の空間の広い中段（パン下中段）などを仔細に眺めていた。今なら持参のスマホかデジカメで撮るところだが、当時はただ眺めるだけだった。翌3月には中学卒業から高校入学までの長い休みを利用し、たった1本だけ残っていた東京—九州間直通急行「霧島・高千穂」（東京発11時10分）で九州へSL撮影に出かけた。東京発車時は1ボックス1〜2人程度だったが、西へ進むにつれて乗客が増え、京都でほぼ満席に。大阪を過ぎるとデッキも通路も乗客で埋まり、山陽路の苦しい夜行の旅となった。東京から10時間、20時55分に姫路に着く。ここで11分停車して宮崎行20系寝台特急「彗星」と博多行581、583系寝台電車特急「月光1号」に続けて抜かれる。特急の車体はつややかですべてブラインドが下ろされ、食堂車で乗客が談笑しまさに殿様列車、動くホテルだった。一方、こち

らの「庶民列車」は通路まで乗客で埋まり、山のように積まれた立ち売りの幕の内弁当を競って求めていた。ベッドに横になって寝ることのできる寝台列車がこれほどまぶしく見えたことはない。

　学生時代を通じて583系（581系を含む、以下同じ）の寝台特急に乗るチャンスはなかった。社会人になった1978（昭和53）年夏、ついにその機会はやってきたが、その姿はあまりにも寒々としたものだった。横浜から「大垣夜行」で早朝の豊橋で下車、「流電」クモハ52形など飯田線の旧型国電を撮影し、新幹線で京都へ。京都駅7番線には18時20分発寝台特急「明星3号」が停まっている。学生時代乗りたくても乗れなかった寝台電車に初めて乗るのだ。当日（1978年7月24日）の「明星3号」（京都18:20—西鹿児島9:57）の編成は次の通りである。

クハネ581－14
↑西鹿児島　所属、向日町運転所（大ムコ）
モハネ582－40
モハネ583－40
サハネ581－25
サロ581－13
サシ581－1（営業休止）
モハネ582－34
モハネ583－34
サハネ581－44
モハネ582－42
モハネ583－42
クハネ581－17　　↓京都

京都駅7番線停車中の下り明星3号。先頭はクハネ581－14（向日町運転所）。画面後方には奈良線ホーム（8番線）がありキハ45形が停まっている。京都駅奈良線ホームは1線だけで目立たない場所にあった。当時奈良線は単線・非電化で本数は少なく京都〜奈良間は近鉄京都線の独壇場だった。
◎東海道本線　京都
1978（昭和53）年7月24日
撮影：山田 亮

下り「明星3号」上り「明星6号」は1970年10月の鹿児島電化時に「きりしま」として登場し、京都－西鹿児島間1001.7km（柳井経由）を走破し583系の最長距離列車だったが、1975年3月の新幹線博多開業時から「明星」に統一された。

すでに寝台はセットされ2号車（モハネ582形）の下段寝台にもぐりこむ。ブラインドを上げるとカメラをぶら下げた少年ファンが覗き込む。折からの「ブルートレインブーム」で小中学生の年少ファンがホームを走り回っていた。18時20分発車だが、京都からの乗車少ない。外はまだ十分明るいのに、強制的に寝かされるのか、これがサービスなのか。新大阪、大阪での乗車を期待したが、思ったほど多くない。「食堂車は営業していません、車内販売はありません」の放送が繰り返される。

明星3号グリーン車サロ581－13車内。583系にはA寝台の代わりにグリーン車サロ581形が連結されていたが、利用者は区間利用者が少しいるだけで空気輸送だった。天井の高さが特徴で寒々とした雰囲気だった。
◎1978（昭和53）年7月24日　撮影：山田 亮

明星3号B寝台モハネ582－14車内。下段はかなり埋まっていたが、上中段はほとんど乗っていなかった。奥に「パンタグラフ下」の低屋根部分で上段寝台がなかった。
◎1978（昭和53）年7月24日　撮影：山田 亮

明星3号に連結された食堂車サシ581-1車内。営業休止となっている。
◎1978（昭和53）年7月26日　撮影：山田 亮

大阪発車後、車内を歩き回り車両番号を控えるが、下段はともかく上段、中段は空いたままだ。ただモハネ582形のパンタグラフ下の中段寝台はカーテ

ンが閉まっている。これは空間の広いサービス満点の「知る人ぞ知る」寝台で常連客に人気がある。グリーン車はほとんど無人、食堂車は営業休止で寒々とした雰囲気で高い天井がそれを際立たせる。あの光り輝いていた殿様列車はどこへ行ってしまったのかと思うような寂れようだ。

下段寝台へ戻り、備え付けの「ゆかた」に着替え、窓外を眺めながら京都で買った幕の内弁当、野焼きかまぼこ、ビールを窓際のテーブルに広げ自分だけのささやかな「宴」を行う。下段は頭がつかえるが窓が独占できるのがよい。食堂車が連結されていれば、開店と同時に入って旅の前途を祝し、自分だけで乾杯するのだが。1978年時点では関西－九州間寝台特急には食堂車はなかったが、東京発着寝台特急は食堂車が営業していた。新幹線「ひかり」にも食堂車があり、汽車旅の楽しさを味わうことができた。西日本の夕暮れは遅く神戸（19時36分発）付近もまだ明るいが、東経135度のネオンサイン（明石天文科学館）が見え、明石を通過する頃ようやく日は暮れる。

前夜が大垣夜行であまり眠れなかったせいか、幅106cmの広い寝台でほどなく寝たようだ。寝てしまえばA寝台と同じだとその時は思ったが、実際のA寝台は空間がもっと広く頭がつかえることもなく、カーテンを閉めると小部屋のような雰囲気であることに気付くのはもっと後のことだった。福山（22時29分発）付近で目が覚めてしばらくブラインドをあげて車窓を眺める。糸崎ではEF58形牽引の14系客車急行「雲仙・西海」を追い抜く。指定席はほとんど無人だったが、自由席は席がかなり埋まっていた。急行自由席など安く移動する手段が必要なことを痛感する。

再び寝てしまったようで、広島（0時08分発）も気が付かず、それから先は時刻表上では博多まで通過だが、運転停車したはずの下関、門司も気付かなかった。それまで幅52cmの10系、20系寝台車は何度か乗ったが眠れるのはせいぜい3時間くらいで熟睡したためしがなかったが、この583系下段に乗って初めて「寝台車は寝られる」ことを実感した。鉄道ジャーナル編集長竹島紀元は同誌1970年2月号「特急日本縦断3000キロ」で583系寝台について「列車寝台につきものの窮屈さと億劫さが解消されたのは大きな改善進歩であろう。寝返りも打てるし手回り品も横の空間へ置ける。一回の利用で私は大の寝台電車ファンになり、この寝台の人気の秘密がわかるような気がした。おそらく国

鉄近来の傑作であろう」と絶賛している。筆者も遅まきながら寝台電車の快適さを体験したわけだが、時の流れは残酷ですらある。寝台電車はすでにピークを過ぎ、利用者の減少にあえぎ、空気輸送のようになっていた。1976年11月に国鉄運賃が50.2％値上げされたが、78年7月にさらに19.2％値上げされた。本文でも述べたように大阪－鹿児島間は運賃面でも飛行機に完全に逆転されていた。

博多も気付かなかったようで、目が覚めると大牟田の手前、銀水付近で西鉄大牟田線が平行しているが定刻より20分以上遅れている。古戦場田原坂のカーブを過ぎ、金峰山が見えてくると熊本が近づく。熊本到着時に車内放送が入り、二日市、鳥栖付近の線路切替で20分以上遅れていること、7、8号車は水俣から座席扱いになるため、熊本から寝台の解体を行うことが告げられる。筆者は2号車なので終点まで寝台はセットされたままでいわば万年床だ。下段だからブラインドを上げて車窓を楽しめるが、上中段の客は身の置き所に困るだろう。583系は寝台のセット、解体作業が複雑で、走行中は原則として行わないという。とすると出発は20～23時、到着は6～7時、所要時間8～11時間が最適となる。とすると所要14～15時間の関西－南九州間は583系には不適で客車寝台が最適で、1970年10月の鹿児島電化時に「きりしま」として583系を投入したことは適当でなかったということになるが、鹿児島電化の「目玉」として寝台電車が必要、「有明」も電車化して共通運用することが合理的との事情もあったのだろう。

熊本を過ぎると停車駅が多くなり、各停車駅で少しずつ降りてゆくが出張ビジネスマンの姿はほとんどなく、地元のおじさん、おばさんが目立つ。空港（熊本、鹿児島）から遠く鉄道の方が便利だからだろう。窓外は肥後二見、上田浦付近の海沿いで天草の島々がうっすらと浮かぶ。1969年夏にSL撮影のため再び九州を訪れ、大型蒸気C60、C61形撮影のため炎天下この付近を歩き回ったことを思い出した。八代以南は電化されているが単線でカーブが多く、スピードは上がらない。遅延のためか何度も交換待ちがある。出水から車販が乗り込み幕の内弁当だけを販売。ようやく朝食にありつけたが、最小限しか積んでいないはずで売切れたらどうするのだろう。朝が過ぎてもまだ走り続ける寝台特急はこのような面でも時代遅れになっていた。583系が設計された1966～67年頃、特急にはかならず食堂車があり、車掌とは別に乗客掛（かつての列車給仕）が何人も乗り込み、人的サービスが寝台特急の特徴だった。だが国鉄をとりまく情勢の変化で、このようなサービスは不可能になった。583系のみならず寝台特急全般の凋落の原因はここにもある。

10時23分、定刻9時57分より26分遅れて西鹿児島（現、鹿児島中央）に到着。終点まで乗り通した乗客は少なく、鹿児島への列車というより熊本、鹿児島県内の中小都市への列車だった。大阪伊丹発7時20分のＡＮＡ（全日空）541便（Ｌ1011トライスター、定員306人）に乗れば鹿児島空港へは8時25分着。空港バスで9時45分頃には鹿児島市内へ着く。鹿児島へは大阪から1日5便、東京から1日7便が飛んでいた。このような状況でも関西から鹿児島へ4往復（同年10月から3往復）、宮崎へ2往復の寝台特急が走り完全に供給過剰になっていた。

三角屋根で市民や観光客に親しまれた西鹿児島駅舎。鹿児島駅が本駅、西鹿児島駅が西駅と呼ばれた。戦災をうけた駅舎は1950年に三角屋根の民衆駅となり、1996年に建て替えられて橋上駅となり「フレスタ鹿児島」がオープン。2004年3月13日、九州新幹線新八代～鹿児島中央間開通時に鹿児島中央と改称された。
◎鹿児島本線
西鹿児島（現・鹿児島中央）
1978（昭和53）年7月25日
撮影：山田 亮

05 山陽本線に特急時代到来

05-1 1965年10月、山陽本線に毎時1本特急が走る

1965（昭和40）年10月改正はいわゆる白紙ダイヤ改正で山陽本線に特急が増発され、毎時1本特急が走り自由席が設定された。特急が「特別な急行」だった時代で特急大衆化の先駆けとなった。「つばめ」「はと」が交直流481系となり、初の関西始発の夜行特急として20系「あかつき」が新大阪ー長崎、西鹿児島間に登場した。東海道新幹線は「ひかり」3時間10分「こだま」4時間運転となった（11月実施）。この改正時の関西（および名古屋）ー九州間特急の時刻は次の通りである。

（下り）
特急1D「いそかぜ」大阪7:40ー小倉15:29/15:31ー宮崎21:25（付属編成6両は大阪ー大分間）
特急3D「かもめ」京都8:00（大阪8:40）ー小倉16:29/16:31ー西鹿児島22:50（長崎20:15）
特急5D「みどり」（東京7:00「ひかり3号」から接続、佐世保編成は筑豊本線経由）
新大阪10:30（大阪10:40）ー小倉18:29/18:35ー佐世保21:51（大分20:50）
特急3M「つばめ」（東京8:00「ひかり5号」から新大阪で接続）
名古屋9:15（新大阪11:31、大阪11:40）ー小倉19:23/19:24ー熊本22:06
特急5M「はと」（東京10:00「ひかり15号」から接続）
新大阪13:30（大阪13:40）ー小倉21:23/21:24ー博多22:15
特急11列車「あかつき」（東京15:00「ひかり29号」から接続）
新大阪18:30（大阪18:40）ー門司3:11/3:16ー鳥栖4:58/5:03ー西鹿児島10:33（長崎7:45）
（上り）
特急12列車「あかつき」（新大阪から「ひかり22号」

接続、東京15:10）
（長崎22:00）西鹿児島19:25ー鳥栖0:44/0:58ー門司2:42/2:47ー（大阪着11:30）新大阪11:40
特急6M「はと」
博多7:55ー小倉8:46/8:47ー（大阪着16:32）新大阪16:40（「ひかり38号」接続、東京20:10）
特急4M「つばめ」（新大阪から「ひかり46号」接続、東京22:10）
熊本8:05ー小倉10:46/10:47ー（大阪着18:31、新大阪着18:37）名古屋20:52
特急6D「みどり」（佐世保発編成は筑豊本線経由、新大阪から「ひかり48号」接続、東京23:10）
（大分9:15）佐世保8:15ー小倉11:28/11:35ー（大阪着19:31）新大阪19:40
特急4D「かもめ」（長崎9:40）西鹿児島7：10ー小倉13:33/13:35ー（大阪着21:30）京都22:09
特急2D「いそかぜ」宮崎8:55ー小倉14:33/14:35ー大阪22:36（付属編成6両は大分ー大阪間）

この改正で、大阪駅では毎時40分に特急が発車し、山陽本線では毎時1本特急が走ることになった。北九州市内の停車駅は客車特急が門司、電車・気動車特急が小倉となった。「みどり」は佐世保まで延長され東京からの日着圏になり、佐賀で長崎行普通列車（キハ58系急行編成、1等車連結）に接続し長崎も日着圏になった。東海道特急で使用されていた151系電車はモーター出力が増強（100kw→120kw）されて181系となり（この改造は翌1966年10月改正時までに順次実施）、直流区間だけを走ることになって「しおじ」（新大阪ー下関間）2往復、「しおかぜ」（新大阪ー広島間）2往復が運転され、中国地方の乗客にとって大きなサービスとなったが、九州から撤退した151（→181）系の有効活用の意味もあったと

思われる。下り方先頭のパーラーカー、クロ151（→クロ181）形は山陽本線に転出してからは利用者がほとんどなく、開放室の座席を2等座席に取り換えクロハ181形となった。

この改正で特筆されることは関西－九州間に寝台特急が登場したことである。「あかつき」は新幹線に接続する新大阪－西鹿児島、長崎間の運転で、東京－長崎間では「さくら」の20時間06分に対し「あかつき」は16時間45分で3時間以上短縮され、長崎では朝から活動を開始でき、ビジネスにも観光にも便利な列車となった。関西のファンにとってもそれまで関西深夜通過でなじみの薄かった20系特急客車を身近にみられるようになった。

05-2 関西－九州間急行も増発

昼行急行は電車化され475系交直流電車が登場し、「有明」（岡山－熊本）、「つくし」（大阪・新大阪－博多）2往復、「はやとも」（名古屋－博多）に投入された。「はやとも」のそれまでの「さつま」（名古屋－鹿児島）の電車化で、九州内は「はやと」（門司港－鹿児島）となった。夜行急行は東京発着の「雲仙・西海」「高千穂」「霧島」は残り、関西（および名古屋）－九州間急行はさらに2往復増発され合計9往復になった。増発分は「夕月」（新大阪－宮崎）、「海星」（新大阪－博多）でいずれも「寝台列車」である。「夕月」は明らかに別府、宮崎への新婚旅行など観光客がターゲットである。しかし「夕月」は歌謡曲の題名のようであり、「海星」は高校野球の有名校を連想させ、あまりにもセンスのない愛称としか言いようがない。「夕月」「海星」の1965年10月時点の時刻は次の通り。

（下り）
急行203列車「夕月」新大阪18:45（大阪19:00）－門司5:48/5:54－（別府着8:37）宮崎13:45（寝台列車）
急行1207列車「海星」新大阪22:04（大阪22:30）－門司9:10/9:15－博多10:34（寝台列車）
（上り）
急行1208列車「海星」博多17:53－門司19:13/19:19－（大阪着6:06）新大阪6:20（寝台列車）
急行204列車「夕月」宮崎16:20（別府発21:10）－門司23:52/0:00－（大阪着11:10）新大阪11:21（寝台列車）

05-3 特急自由席の設定

この1965年10月改正の特筆事項として、特急自由席の設定がある。前年開通の東海道新幹線「こだま」は短区間の乗客が予想以上に多く、1964〜65年の年末年始および1965年のゴールデンウィークに自由席が実施され、同年5月20日から通年実施となった。同年10月から、山陽本線に特急が増発され全区間自由席が設定され（「かもめ」は全車指定席のまま）、時刻表には「特急を気軽に利用してもらうため」と記載された。当時の長距離列車は急行中心で特急は「特別な急行」で全車指定席だった時代に自由席の設定はまさに破荒天の措置であったが、当時の交通新聞や国鉄部内誌「国鉄線」にはその決定過程などの記事は見いだせずかなり急な決定だったと思われる。その理由として国鉄営業部門の元幹部職員は「こだま自由席を山陽に延長するためだった。旅客流動からも東海道、山陽線は一体であり、新幹線増発で東海道の輸送力が大幅に増強されれば山陽区間もそれに応じて輸送力を増強しなければならないが、全車指定席では増える乗客に対応できない、自由席を設定し輸送力に弾力性を持たせる必要があった」と筆者に語った。

その結果、「つばめ」「はと」「みどり」などの長距離特急に全区間自由席が設定されたが、2等車（→普通車）の半分以上が自由席となったことで、指定席

の入手難、途中駅からでは自由席に座れないなど苦情も多く、指定席の比率が次第に増え1970年前後から指定席、自由席の比率がおおむね2:1となった。

05-4 寝台電車特急「月光」登場

　1967（昭和42）年10月、581系電車による寝台電車特急「月光」が急行「海星」格上げの形で登場した。これは昼は座席、夜は寝台になる特急車両を開発し、昼行列車を夜行列車として折り返すことで、車両運用効率の向上による車両費の節減、車両基地の削減が目的だった。翌1968年秋には関西－九州間でさらに増発、全線電化の完成する上野－青森間にも投入することが予定され、その「試行」の意味もあった。「月光」の581系電車（60ヘルツ用）は南福岡電車区（門ミフ）所属で「月光」は新大阪着後に向日町で整備し「みどり」で折り返し大分へ、翌日に「みどり」で再び新大阪へ向かい「月光」として折り返し、南福岡へ戻る運用だった。「月光」を客車で、「みどり」を電車で運行すればそれぞれ2編成（予備編成を含むと各3編成、計6編成）必要となるが、「月光」を「みどり」で折り返せば3編成（予備編成を入れて4編成）で済むことになり、車両費の節減、車両基地の削減に効果を発揮することになる。

　同時に「みどり」も581系電車化され、「みどり」の佐世保発着編成（筑豊本線経由）は「いそかぜ」の大阪－大分間付属編成を振り向けることとし、大阪－小倉間は「いそかぜ」と併結した。1967年10月時点の「月光」「みどり」「いそかぜ」の時刻は次の通りである。

（下り）
特急1D「いそかぜ」大阪7:40－小倉15:29/15:36－宮崎21:23（筑豊本線経由、佐世保18:55）
特急1M「みどり」（東京6:00「ひかり1号」から接続）新大阪9:30（大阪発9:38）－小倉17:26/17:27－大分19:35
特急7M「月光」（東京20:00「ひかり47号」から接続）新大阪23:30（大阪23：40）－小倉8:20/8:22－博多9:20
（上り）
特急8M「月光」
博多19:45－小倉20:37/20:38－（大阪着5:37）新大阪5:45（「ひかり2号」接続、東京9:10）
特急2M「みどり」
大分9:30－小倉11:36/11:37－（大阪着19:38）新大阪19:47（「ひかり48号」接続、東京23:10）
特急2D「いそかぜ」（佐世保発11:15、筑豊本線経由）宮崎9:05－小倉14:28/14:35－大阪22:36

　「月光」は寝台幅が広がったことで好評で、東京－博多間13時間20分で東京からの直通特急より3時間30分程度速く、忙しいビジネスマンから歓迎された。一方、山陽本線を直通する夜行普通列車は1967年10月時点でも残り、京都・大阪－門司間に2往復運転されていたが、「43－10」改正を待たず翌1968年3月に廃止された。

05-5 特急大増発の「43―10」改正

　1968（昭和43）年10月1日ダイヤ改正は「43―10」（よんさんとお）改正と呼ばれ、特急大増発で今でも語り継がれる画期的ダイヤ改正で、関西－九州間は581・583系電車、20系客車の夜行寝台特急が増発された。これは山陽本線夜行時間帯に1時間ごとの「規格ダイヤ」を導入し、1時間ごとに夜行特急とセクショントレインの特急貨物を運転することで実現した。それまで山陽本線の夜行時間帯は急行と貨物列車が集中し、輸送力を減らさずに夜行特急は運転できないと関係者間で言われていたが、どの

ようなダイヤ構成にすればもっとも効果的かをモデルダイヤを作って検討した結果、待避設備を数ヶ所増設し、1時間間隔で夜行特急と最高100km/hの特急貨物列車を続行運転すれば最も効果的とされた。輸送力貨物列車の最高75km/h化の効果も大きく、平行ダイヤを組む夜行急行もスピードアップされ、その結果夜行急行は大阪−下関間で比較すると平均40分程度短縮された。この「43—10」改正時の関西（および名古屋）−九州間特急および急行の時刻は次の通りであるが、接続の新幹線時刻は新幹線が増発されたため記さないことにする。夜行急行の季節列車は省略する。

（下り特急）
特急1D「なは・日向」大阪7:40−小倉15:19/15:25−西鹿児島21:20（「日向」宮崎21:08）
特急3D「かもめ」（全車指定席）
京都8:00（大阪8:40）−小倉16:19/16:25−長崎19:48（佐世保着19:38、筑豊本線経由）
特急1M「みどり」新大阪9:28（大阪9:35）−小倉17:00/17:01−大分19:05
特急6003M「はと1号」（季節列車）新大阪10:35（大阪10:42）−小倉18:11/18:12−博多19:01
特急5M「つばめ」名古屋9:15（大阪11:37）−小倉19:08/19:09−熊本21:36
特急7M「はと2号」新大阪13:28（大阪13:35）−小倉21:04/21:06−博多21:56
特急21列車「あかつき1号」
新大阪18:28（大阪18:36）−門司2:58/3:03−鳥栖4:36/4:41西鹿児島9:35（長崎7:21）
特急23列車「彗星」新大阪19:28（大阪19:36）−門司4:06/4:11−（別府着6:28）宮崎10:31
特急6009M「月光1号」（季節列車）新大阪19:38（大阪19:45）−小倉4:34/4:36−博多5:35
特急11M「明星」新大阪20:28（大阪20:35）−小倉4:59/5:00−熊本7:25
特急25列車「あかつき2号」
新大阪21:28（大阪21:36）−門司5:57/6:02−鳥栖7:32/7:36−西鹿児島12:37（佐世保9:31）
特急13M「月光2号」新大阪22:28（大阪22:35）−小倉7:00/7:01−博多7:51
特急15M「金星」名古屋22:42（大阪1:14）−小倉9:13/9:14−博多10:05
（下り急行）

急行201M「つくし1号」大阪9:15−小倉17:59/18:00−博多18:57
急行6203M「つくし2号」「べっぷ1号」（季節列車）新大阪10:10（大阪10:17）−小倉19:12/19:15−博多20:10（「べっぷ1号」大分21:44）
急行1205M「玄海」名古屋9:55（大阪12:38）−小倉21:24/21:25−博多22:19
急行201列車「しろやま」大阪15:00−広島20:26/20:34−門司0:54/1:01−西鹿児島8:30
急行203列車「西海2号」大阪19:48−門司5:42/5:50−佐世保9:53
急行205列車「日南1号」大阪20:06−門司6:196:24−（別府着8:38）宮崎13:12（寝台列車）
急行207列車「天草」京都20:10（大阪20:55）−門司7:03/7:09−熊本10:31（筑豊本線経由）
急行209列車「日南3号」京都20:25（大阪21:07）−門司7:19/7:25−（別府着9:38）都城16:02
急行211列車「雲仙2号」京都21:15（大阪22:07）−門司8:32/8:40−長崎13:19
急行1213列車「阿蘇」名古屋19:15（大阪22:20）−門司8:40/8:47−熊本11:51
急行215列車「つくし3号」大阪23:08−門司9:12/9:20−博多10:27（寝台列車）
（上り特急）
特急16M「金星」博多18:50−小倉19:41/19:42−（大阪着3:41）名古屋6:15
特急14M「月光1号」博多20:15−小倉21:07/21:08−（大阪着5:36）新大阪5:45
特急26列車「あかつき1号」
（佐世保18:35）西鹿児島15:35−鳥栖20:26/20:39−門司22:05/22:10−（大阪着6:34）新大阪6:42
特急24列車「彗星」宮崎16:45（別府20:54）−門司22:59/23:04−（大阪着7:34）新大阪7:42
特急12M「明星」熊本21:40−小倉0:07/0:08−（大阪着8:42）新大阪8:50
特急6010M「月光2号」（季節列車）博多23:55−小倉1:02/1:03−（大阪着9:35）新大阪9:42
特急22列車「あかつき2号」
（長崎22:00）西鹿児島19:25−鳥栖0:23/0:35−門司1:59/2:04−（大阪着10:34）新大阪10:42
特急8M「はと1号」博多8:15−小倉9:06/9:07−（大阪着16:35）新大阪16:42
特急6M「つばめ」熊本7:40−小倉10:04/10:05−（大阪着17:31）名古屋19:56

特急6004M「はと2号」（季節列車）博多10:15－小倉11:05/11:06－（大阪着18:35）新大阪18:42

特急2M「みどり」大分10:05－小倉12:10/12:11－（大阪着19:35）新大阪19:42

特急4D「かもめ」（全車指定席）
（佐世保10:30、筑豊本線経由）長崎10:10－小倉13:42/13:50－（大阪着21:36）京都22:26

特急2D「なは・日向」（「日向」宮崎9:05）西鹿児島8:55－小倉14:42/14:50－大阪22:36

（上り急行）
急行216列車「つくし3号」博多19:13－門司20:24/20:29－（大阪着6:22）新大阪6:33（寝台列車）

急行1214列車「阿蘇」熊本17:15－門司20:38/20:45－（大阪着6:46）名古屋9:54

急行210列車「日南1号」都城11:46（別府18:30）－門司20:52/20:57－（大阪着6:57）京都7:44

急行204列車「西海1号」佐世保17:33－門司21:26/21:31－大阪7:19

急行208列車「天草」熊本17:50－門司21:35/21:44－（大阪着7:29）京都8:09（筑豊本線経由）

急行212列車「雲仙2号」長崎19:30－門司23:52/23:57－（大阪着9:52）京都10:39

急行206列車「日南3号」
宮崎17:12（別府発21:50）－門司0:07/0:20－（大阪着10:16）新大阪10:28（寝台列車）

急行202列車「しろやま」西鹿児島20:05－門司4:46/4:53－広島8:53/8:58－大阪14:26

急行1206M「玄海」博多7:19－小倉8:14/8:15－（大阪着17:02）名古屋19:46

急行6204M「つくし1号」「べっぷ1号」（季節列車）（「べっぷ1号」大分発7:43）博多9:00－小倉9:55/10:00－（大阪着18:58）新大阪19:05

急行202M「つくし2号」博多12:15－小倉13:16/13:17－大阪22:01

　この改正で直通旅客の減少を理由に東京－九州間直通急行は東海道・山陽本線内1往復となり、「霧島」（東京－西鹿児島、鹿児島本線経由）「高千穂」（東京－西鹿児島、日豊本線経由）となって東京－門司間併結になった。

　「43－10」改正の「目玉」は581・583系電車（本稿で583系と表現）で、「つばめ」および「はと」（増発されて2往復になる）が583系となり、逆に「みどり」が481系となり、1972年3月改正時まで関門トンネルを通る481系は「みどり」だけとなった。

　この改正で大阪－下関間および門司－博多間で電車特急の最高速度が120km/hに引き上げられたが山陽本線はカーブが多くその効果を十分発揮したとはいえなかった。上野－仙台間348.4kmは最短3時間53分（89.7km/h）に対し、大阪－広島間338.4kmは最短4時間14分（79.9km/h）でいかにも遅い。翌1969（昭和44）年10月改正では下り「はと1号」上り「はと2号」が定期列車となった。1970（昭和45）年3月からは、「大阪万博」輸送の一環として「明星」が1往復増発されて2往復となった。

05-6 1970年10月、鹿児島電化完成と特急「なは」

　1970（昭和45）年10月1日、熊本－鹿児島間電化に伴うダイヤ改正が行われ北は青森から南は鹿児島まで日本を縦断する電化が完成した。これにより京都－西鹿児島間に583系寝台電車特急「きりしま」が登場し、それまでの急行「霧島」は「桜島」と改称された。九州内ディーゼル特急「有明」も583系電車となり、1往復増発され2往復になった。同時に寝台特急「彗星」が都城まで延長された。この改正時の「きりしま」時刻は次の通り。

特急9M「きりしま」京都17:00（大阪17:38）－熊本5:11/5:15－西鹿児島8:19

特急10M「きりしま」西鹿児島20:50－熊本23:53/23:55－（大阪着10:54）京都11:35

　大阪－西鹿児島間特急「なは」は電化したにもかかわらずキハ80系気動車のままで「架線下ディーゼル」だった。これは併結列車「日向」との関係もあったと思われる。「なは」は1968年10月改正でそれまでの「かもめ」鹿児島編成を改称したもので、その

いきさつは沖縄の地元紙琉球新報社が国鉄の列車に沖縄の名前を付けようと「勝手に」名前を公募し、当選した愛称「なは」を国鉄に持ち込んだものであった。国鉄は困惑したと思われるが、本土復帰を願う沖縄の人々の熱意に応えたのであろう。改正当日は那覇市で祝賀パレードがあり、西鹿児島（現・鹿児島中央）駅では琉球政府副主席、那覇市長、鹿児島市長、鹿児島鉄道管理局長が出席して出発式が行われ「本土復帰第一号」といわれた。

05-7 1972年3月「ひかりは西へ」

　1972（昭和47）年3月15日、山陽新幹線新大阪―岡山間が開業し、岡山で新幹線と在来線特急・急行との接続体系が整備された。山陽本線関連では特急「つばめ」（岡山―博多・熊本）6往復、「はと」（岡山―下関）4往復が接続となったが、3年後の新幹線博多延長を見据え岡山付近に車両基地は新設されなかった。その結果、特急「なは・日向」「かもめ」「みどり」は大阪・京都発着のままで、「しおじ」（新大阪―広島、下関）も本数は減ったものの新大阪発着となった。これは車両基地の関係で向日町運転所（大ムコ）まで戻る必要があったからである。「みどり」は岡山で東京発6時15分の速達型「Wひかり」から接続し、大分で気動車急行に乗り換えることで東京―宮崎間日着が下りだけ可能になった。岡山発着となった「つばめ」は583系および481・485系が使用された。

　昼行急行は岡山―博多・熊本間が「玄海」、岡山―下関間が「山陽」となり、大阪発着は「つくし1号」「べっぷ1号」（大阪―小倉間併結）1往復だけになり赤穂線経由になったが、急行は短区間の乗客が多く、特急の補助的存在になっていた。夜行列車は新大阪接続が原則だったが岡山での接続も考慮された。寝台電車特急「月光」は岡山発着2往復となり、うち1往復は岡山―西鹿児島間で東京と鹿児島を最短時間で結ぶとPRされた。関西―九州間の夜行寝台特急は電車、客車とも増発され「あかつき」3往復、「明星」4往復、「彗星」2往復、「きりしま」1往復になった。関西および名古屋発着の夜行急行はそのまま存置された。

　この1972年3月改正時から関西―九州間寝台特急の東海道・山陽本線内は特急貨物列車（特急貨物列車B、最高速度95km/h）と平行ダイヤとなる規格ダイヤ化が実施され運転時分が若干延長され、EF58形での牽引が可能になったが、3月改正時から10月改正時までは貨物閑散期のためEF65形1000番代が牽引した。

　同年10月改正時には「あかつき」1往復が新大阪―熊本間に増発され、また関西―九州間寝台特急の東海道・山陽本線内牽引機がEF65形1000番代からEF58形（元空気溜管増設車）に置き換えられファンの喝采を浴びた。EF58形牽引寝台特急は瀬野―八本松間急勾配のため上り列車は広島からEF59形の補機を連結し、八本松構内で走行中に切り離された。同時に寝台幅70cmの14系寝台車が「あかつき」3往復（増発分1往復を含む）に投入され、また長崎本線喜々津―浦上間に市布経由の新線が開通し特急・急行列車は新線経由となり所要時間が10分程度短縮された。

05-8 1973年10月、特急は毎時3本体制に

　翌1973（昭和48）年10月1日、さらにダイヤ改正が行われた。これは第一次石油ショックの直前で経済活動が活発でビジネス需要が多かったこと、1970年秋に始まったDiscover Japanキャンペーンも浸透し観光需要も多かったからである。さらに高速道路が東名、名神を除いて開通しておらず、国鉄と飛行機との運賃格差も大きく「旅行といえばまず国鉄」だったからである。この改正で岡山以西の昼行規格ダイヤが修正され、それまでの「特急2、急行2、普通3」（毎時7本）を「特急3、急行2、普通3」（毎時8本）とし、夜行規格ダイヤもそれまでの「特急3、急行4、普通2」（毎時9本）を「特急5、急行3、普

通2」(毎時10本)に改め、特急増発が可能になった。それまで季節列車として運転されていた夜行寝台急行(帰省時期などは座席車で運転)が特急格上げ、定期化され修学旅行などの大口団体客も寝台特急利用になった。この改正で14系寝台車を集中電源式とした24系24形寝台車が登場し「あかつき」2往復、「彗星」2往復に投入された。

この改正時、「なは」(大阪－西鹿児島)が電車化された。相棒の「日向」はキハ80系で単独運転となったが、天下の山陽本線を7両で走るわけにはいかず、10両編成として上り方3両を大阪－大分間とした。同時に「つばめ」1往復が岡山－西鹿児島間となって東京－鹿児島間日着が可能になった。

05-9 1974年4月、二段式B寝台車の登場

翌1974(昭和49)年4月25日、日豊本線幸崎－南宮崎間が電化開業し、特急「日向」が電車化された。関西－九州間気動車特急は「かもめ」だけとなったが、全車指定席のままであった。同時に二段式B寝台24系25形が登場し、「あかつき」2往復、「彗星」1往復に投入された。新幹線博多開業直前の1974年4月時点の関西－九州間特急列車の時刻を掲載するが、昼行特急は関西－九州間列車は掲載するが岡山発着の昼行特急は「つばめ」は8往復と本数が多いため西鹿児島、宮崎(上りは大分発)への列車を掲載する。夜行特急は全列車18往復を掲載するが、本数がやたらと多く耐久消費財(自動車、家電製品)の見込み生産のようだと酷評された。夜行急行(定期)は「43—10」改正時と大筋において変わらないので省略する。

(下り昼行特急)
特急1M「なは」大阪7:05－小倉14:24/14:25－博多15:15/15:17－西鹿児島20:04
特急31M「日向」大阪7:25－小倉15:04/15:06－大分16:59/17:02－宮崎20:17
特急3D「かもめ」(全車指定席)
7:28(大阪8:06)－小倉15:45/15:51－長崎19:14(佐世保着18:50、筑豊本線経由)
特急33M「みどり1号」(東京6:15「ひかり1号」から接続)
大阪8:23－岡山10:35/10:40－小倉15:49/15:50－大分17:53
特急1003M「つばめ3号」(東京7:30「ひかり55号」から接続)
岡山12:15－小倉17:23/17:24－博多18:12/18:14－西鹿児島22:48

特急1035M「みどり2号」(東京8:00「ひかり25号」から接続)
岡山12:35－小倉17:45/17:45－大分19:41/19:48－宮崎23:02
(下り夜行特急)
特急1005M「月光1号」(東京16:00「ひかり45号」から接続)岡山20:43－西鹿児島7:52
特急21列車「あかつき1号」新大阪18:28(大阪18:36)－西鹿児島9:13(長崎6:53)20系
特急41列車「彗星1号」新大阪18:32(大阪18:40)－大分5:39/5:47－宮崎9:36、24系
特急23列車「あかつき2号」新大阪18:43(大阪18:51)－熊本6:14/6:18－西鹿児島9:38、14系
特急25列車「あかつき3号」新大阪19:02(大阪19:10)－博多4:48/4:50－長崎7:30、二段式25形
特急43列車「彗星2号」新大阪19:28(大阪19:36)－宮崎10:10/10:18－都城11:20、24系
特急7M「きりしま」京都19:14(大阪19:52)－熊本6:46/6:50－西鹿児島9:58
特急13M「明星2号」新大阪19:58(大阪20:06)－博多5:35/5:37－熊本7:09
特急29列車「あかつき4号」新大阪20:28(大阪20:36)－熊本7:55/7:59－西鹿児島11:14、24系
特急31列車「あかつき5号」「彗星3号」14系
新大阪20:45(大阪20:54)－門司5:22/5:30－佐世保8:47(「彗星3号」大分7:52)
特急1029M「月光2号」(東京19:00「ひかり99号」から接続)岡山23:43－博多6:36
特急33列車「あかつき6号」新大阪21:28(大阪21:36)－博多7:13/7:16－熊本9:04、二段式25形
特急45列車「彗星4号」新大阪21:43(大阪21:51)－大分8:45/8:54－宮崎12:57、24系

特急35列車「あかつき7号」新大阪21:58(大阪22:06)−長崎10:27(佐世保10:10)14系

特急21M「明星3号」京都21:55(大阪22:36)−小倉7:08/7:08−博多8:02

特急15M「明星4号」新大阪22:42(大阪22:50)−博多8:22/8:24−熊本10:02

特急47列車「彗星5号」新大阪22:57(大阪23:06)−門司7:30/7:35−大分9:58、二段式25形

特急2021M「金星」名古屋22:50(大阪1:21)−小倉9:20/9:21−博多10:11

（上り昼行特急）

特急1036M「みどり1号」（岡山で「ひかり88号」に接続、東京20:35）

大分8:40−小倉10:39/10:41−岡山15:50

特急1004M「つばめ6号」（岡山で「ひかり44号」に接続、東京22:05）

西鹿児島6:45−博多11:30/11:33−小倉12:21/12:22−岡山17:31

特急34M「みどり2号」（岡山で「ひかり8号」に接続、東京22:50）

宮崎7:48−大分11:15/11:20−小倉13:14/13:15−岡山18:26/18:28−（大阪着20:37）新大阪20:44

特急2M「なは」（岡山で「ひかり98号」に接続、東京23:40」

西鹿児島8:00−博多12:51/12:53−小倉13:41/13:42−岡山18:50/18:53−大阪21:01

特急2D「かもめ」（全車指定席）

（佐世保10:50、筑豊本線経由）長崎10:38−小倉13:51/14:00−（大阪着21:43）京都22:24

特急32M「日向」宮崎9:30−大分12:55/13:00−小倉14:56/14:58−大阪22:43

（上り夜行特急）

特急2022M「金星」博多18:53−小倉19:46/19:47−（大阪着3:41）名古屋6:10

特急22M「明星1号」博多20:05−小倉20:55/20:56−（大阪着5:29）新大阪5:36

特急26列車「あかつき1号」長崎17:27−博多20:13/20:17（大阪着5:59）新大阪6:09、二段式25形

特急48列車「彗星1号」大分19:20−門司21:36/21:40−（大阪着6:14）新大阪6:22、二段式25形

特急34列車「あかつき2号」熊本18:55−博多20:51/20:54（大阪着6:35）新大阪6:43、二段式25形

特急16M「明星2号」熊本19:25−小倉21:57/21:58−（大阪着6:46）京都7:27

特急32列車「あかつき3号」「彗星2号」14系
（「彗星2号」大分20:00）佐世保18:59−門司22:16/22:26−（大阪着6:59）新大阪7:08

特急30列車「あかつき4号」西鹿児島16:13−熊本19:36/19:49−（大阪着7:25）新大阪7:39、24系

特急44列車「彗星3号」都城15:37−宮崎16:34/16:44−（大阪着7:39）新大阪7:48、24系

特急46列車「彗星4号」宮崎17:36−大分21:36/21:42−（大阪着8:43）新大阪8:52、24系

特急24列車「あかつき5号」西鹿児島17:43−熊本21:18/21:32（大阪着9:00）新大阪9:10、14系

特急1030M「月光1号」博多23:45−岡山6:37（岡山から「ひかり54号」接続、東京11:35）

特急14M「明星3号」熊本22:30−博多0:06/0:08−（大阪着9:36）京都10:24

特急36列車「あかつき6号」（佐世保21:46）長崎21:27−（大阪着9:58）新大阪10:07、14系

特急42列車「彗星5号」宮崎19:12−大分22:58/23:08−（大阪着10:25）新大阪10:32、24系

特急22列車「あかつき7号」（長崎22:04）西鹿児島19:40−（大阪着10:32）新大阪10:47、20系

特急1008M「月光2号」西鹿児島20:46−岡山8:29（岡山から「ひかり26号」接続、東京13:05）

特急6M「きりしま」西鹿児島21:06−熊本0:16/0:20−（大阪着11:14）新大阪11:22

　東京−西鹿児島、宮崎間は最短15時間台であるが、1972年4月から鹿児島空港が移転しジェット機が就航し、北海道と同様に南九州へは飛行機中心になりつつあった。

06 山陽新幹線全線開通と寝台特急の凋落

06-1 1975年3月、新幹線博多開業

　1975（昭和50）年3月10日、山陽新幹線岡山－博多間が開業し、東京－博多間は「ひかり」で最短6時間56分で結ばれた。それに伴い、山陽本線の昼行優等列車は支線直通列車を除いて姿を消したが、夜行寝台特急は関西－九州間12往復（うち1往復は季節列車で14系座席車）（本数は山陽線内の本数、以下同じ）、名古屋－博多間1往復、東京－九州、下関間6往復が引き続き運転された。これは新幹線博多乗り継ぎでは東京、関西を朝出発しても東九州、西九州、南九州には昼から午後に到着で夜行列車が必要とされたからである。これを機に行き先に愛称が整理され、「あかつき」が長崎・佐世保方面（客車）、「明星」が熊本、鹿児島方面（客車および電車）となった。「なは」の愛称は大切にされ583系電車寝台の名になった。客車のうち1往復（新大阪－熊本間「明星下り6号、上り3号」新大阪－門司間「あかつき下り3号、上り2号」に併結）はこれまでの急行「天草」に代わり筑豊本線経由となった。「彗星」は大分、都城方面で変わらないが、3往復のうち2往復が583系となった。急行は3往復が残り14系座席車で全車指定席となったが、これは新幹線博多開業を機に「波動輸送は新幹線で行い、夜行列車は定員輸送とする」との方針になったからである。14系客車の急行使用は当時としては破格のサービスで設備料金の意味もあったと思われるが、上野発着の東北、常磐、上信越線夜行急行の多くは旧型客車のままで、国鉄の西日本優先体質が現れている。東京－九州間直通急行として残っていた「桜島・高千穂」はこの改正で姿を消した。1975年3月改正で残った夜行急行3往復の時刻を掲載する。

（下り）
急行201列車「雲仙・西海」
新大阪18:12（大阪発18:40）－門司4:51/5:01－長崎9:39（佐世保9:17）
急行203列車「阿蘇」新大阪19:15（大阪発19:44）－門司5:38/5:48－博多7:02/7:05－熊本9:07
急行205列車「くにさき」大阪20:44－門司6:41/6:47－大分9:38
（上り）
急行204列車「阿蘇」熊本17:10－博多19:21/19:23－門司20:36/20:45－（大阪着7:07）新大阪7:18
急行206列車「くにさき」大分18:42－門司21:25/21:35－大阪7:49
急行202列車「雲仙・西海」（佐世保19:31）長崎19:08－門司23:26/23:31（大阪着9:44）新大阪9:58

　急行3往復の全車指定席は実質的値上げと批判も多く、毎日新聞の連載記事で問題にされたこともあって、同年12月から一部が自由席となった。

国鉄運賃料金大幅値上げ

1975年11月に特急・急行料金、グリーン料金、寝台料金などが約32％値上げされ、翌1976年11月から運賃が約50％値上げされた。その後も小刻みな値上げが続き、長距離旅客が大幅に飛行機に移った。値上げ前の1975年3月、大幅値上げ後の1976年12月、1978年10月、1986年11月における大阪－鹿児島間の国鉄と飛行機の運賃料金合計額は次の通りである。（飛行機はジェット特別料金を含み、市内－空港間の交通費を含まない）

（1975年3月）
国鉄（新幹線と特急乗り継ぎ）6,910円
国鉄（寝台特急、客車二段Ｂ寝台、電車寝台下段）7,210円
飛行機13,600円（往復24,600円）
（1976年12月）
国鉄（新幹線と特急乗り継ぎ）11,400円
国鉄（寝台特急、客車二段Ｂ寝台、電車寝台下段）12,900円
飛行機13,600円（往復24,600円）
（1978年10月）
国鉄（新幹線と特急乗り継ぎ）12,850円
国鉄（寝台特急、客車二段Ｂ寝台、電車寝台下段）14,800円
飛行機13,600円（往復24,600円）

（1986年11月）
国鉄（新幹線と特急乗り継ぎ）17,750円（往復33,280円）
国鉄（寝台特急、客車二段Ｂ寝台、電車寝台下段）20,100円（往復37,980円）
飛行機19,700円（往復35,640円）

新幹線が博多まで開通した1975年3月時点では国鉄はまだ割安感があったが、1976年12月時点ではその差が縮まり、寝台特急利用と飛行機の往復利用では逆転された。これを機に特に関西－九州間寝台特急は目に見えて乗客、特に出張などのビジネス客が減り、帰省シーズンなどを除くとガラガラで空気輸送となった。1978年10月時点では大阪－鹿児島間の飛行機往復利用が国鉄より安くなり、大阪－博多（福岡）間でも新幹線と飛行機がほぼ同じ（往復なら飛行機の方が安い）という事態になった。これでは競争も何もあったものではない。寝台特急は飛行機より高い高価な交通機関になってしまった。こうなると、国鉄利用は鉄道旅行愛好者、飛行機が不安な人、空港が遠くて不便といった人が中心となり、ダイヤ改正のたびに本数が減らされていった。1986年11月時点では飛行機も値上げされているが、往復で比べると寝台特急の方が高い。

山陽夜行急行の廃止

1978（昭和53）年10月改正では、関西－九州間寝台特急は10往復（うち1往復は季節列車）、急行は2往復（「雲仙・西海」「阿蘇・くにさき」）となったが、依然として供給過多の状態であった。この改正で、14系寝台車を二段寝台化した分散電源方式の14系15形が登場し、分割併合のある「あかつき」2往復に投入された。1979年7月から関西－九州間寝台特急の東海道・山陽本線内牽引機がEF58形からEF65形1000番代に置き換えられたが、業務合理化のため相変わらずヘッドマークはなく精彩がなかった。
1980（昭和55）年10月改正は旅客および貨物の

減少に対応する減量ダイヤ改正で、寝台特急および貨物列車が削減され、関西－九州間寝台特急は8往復（うち1往復は季節列車）となった。この改正では2往復残っていた関西－九州間急行が廃止された。当時は中国自動車道は全通しておらず夜行高速バスはなく、この区間は新幹線か寝台特急を利用せざるを得ず、安く移動する手段はなくなり国鉄は公共性を放棄したといわれても仕方のない改正だった。どうしても安く行きたい場合はフェリーがあった。（東神戸－小倉間、泉大津－小倉間の阪九フェリー、大阪南港－新門司港間の名門カーフェリーなど）

06-4 寝台電車特急廃止、すべて客車特急に

1982（昭和57）年11月改正では関西－九州間寝台特急は6往復となり、583系による電車寝台は2往復に削減された。この改正で1967年10月に「月光」として登場した新大阪－博多間「明星下り5号、上り2号」および1968年10月以来運転されていた名古屋－博多間「金星」が廃止されている。この改正時の関西－九州間寝台特急の時刻は次の通りである。

（下り）
特急3001M「彗星1号」新大阪18:42（大阪18:55）
－大分5:02/5:07－宮崎8:28
特急21列車「明星」24系25型、新大阪18:52（大阪19:03）－熊本6:15/6:20－西鹿児島9:52
特急41列車「あかつき1号」14系15形
大阪19:09－博多4:41/4:43－佐世保6:59（長崎7:29）
特急3003列車「彗星3号」24系25形
新大阪19:57（大阪20:06）－大分7:00/7:12－（宮崎着11:01）都城11:57
特急27M「なは」新大阪20:26（大阪20:35）－熊本7:20/7:23－西鹿児島10:46
特急45列車「あかつき3号」14系15形
新大阪20:35（大阪20:44）－門司5:04/5:22－長崎9:04（筑豊本線経由、佐世保9:11）
（上り）
特急44列車「あかつき2号」14系15形
（佐世保18：34、筑豊本線経由）長崎18:33－門司22:12/22:24－大阪6:40
特急3004列車「彗星2号」24系25形
宮崎15:50（宮崎16:43）－大分20:20/20:32（大阪着7:08）新大阪7:18
特急40列車「あかつき4号」14系15形
（長崎19:18）佐世保19:37－門司23:07/23:12－（大阪着7:36）新大阪7:45
特急22列車「明星」24系25形
西鹿児島16:43－熊本20:21/20:34－（大阪着7:46）新大阪7:55
特急3002M「彗星4号」宮崎19:40－大分22:57/22:59－（大阪着9:12）新大阪9:22
特急28M「なは」西鹿児島19:34－熊本22:46

/22:50－（大阪着9:33）新大阪9:42

次のダイヤ改正は1984（昭和59）年2月改正で、貨物列車の大幅削減、操車場の廃止、貨車集結輸送の廃止が大きな柱だった。この改正では関西－九州間寝台特急から583系電車が撤退し、客車寝台特急が4往復となり、それまでの「明星」は「なは」へと改称された。また「明星」の列車名は「あかつき1、4号」の佐世保編成を西鹿児島発着に振り替える形で残り、新大阪～鳥栖間で併結して運行された。翌1985（昭和60）年3月14日改正では、関西－九州間寝台特急は4往復で変わらないが、「あかつき」下り3号、上り2号の佐世保編成が筑豊本線を経由しなくなり、肥前山口（2022年9月から江北と改称）で分割併合を行うこととなった。

07 JR発足と 関西－九州寝台特急

07-1 大阪－福岡間高速夜行バスの登場と 「あかつき」に座席車連結

　高速夜行バスの最初は東名高速道路開通に伴い1969（昭和44）年6月に登場した国鉄バス「ドリーム号」（東京－京都、大阪間）であった。1983年3月、中国自動車道全通に伴い大阪－福岡間に高速夜行バス「ムーンライト号」が西日本鉄道、阪急バスにより運行が開始された。当初は2人掛け（一列4人）のリクライニングシートだったが、トイレのほかビデオ、イヤホーンステレオ、セルフサービスの給茶器を装備し、現在の高速夜行バスサービスの原型を作った。1986年3月には「ムーンライト」は1列3人の1人掛けリクライニングシートとなってさらにサービスが向上した。これを機に関西－九州間に高速夜行バスが続々と登場し、寝台特急の新たなライバルになった。一方、国鉄では1975年11月から中国自動車道部分開通に伴い大阪－津山間に高速バスを運行し、全通時には大阪－博多間に国鉄夜行高速バスの登場が期待されていたが実現しなかった。国鉄時代末期で要員事情が格段に厳しく新規事業に進出する余裕がなかったからである。

　1986（昭和61）年11月改正は、民営化後の新会社による列車運行、営業体制、要員配置を前提とした国鉄最後の改正で、このダイヤのまま1987（昭和62）年4月発足のJR各社に引き継がれた。この改正で関西－九州間夜行寝台特急は「あかつき」「なは」「彗星」の3往復となったが、「あかつき」の佐世保編成に座席車（オハ14形）が1両連結された。明らかに高速夜行バス対策であったが、車内サービスは何もなく利用率はよくなかった。1987年4月、JR発足時の関西－九州間寝台特急の時刻、車種と所属基地も記載する。

（下り）

特急31列車「なは」24系25形（JR九州、基本編成鹿児島運転所、付属編成熊本運転所）

新大阪20:23（大阪20:31）－博多5:33/5:34－（熊本着7:14）西鹿児島10:35

特急33列車「彗星」14系15形（JR西日本、向日町運転所）

新大阪20:46（大阪20:54）－大分7:00/7:05－（宮崎着10:31）都城11:27

特急35列車「あかつき」14系15形（JR西日本、向日町運転所、佐世保編成に座席車連結）

新大阪20:55（大阪21:06）－門司4:56/5:01－博多6:05/6:06－長崎8:42（佐世保8:35）

（上り）

特急34列車「彗星」14系15形

都城16:45（宮崎17:36）－大分21:05/21:17－（大阪着7:21）新大阪7:29

特急36列車「あかつき」14系15形（佐世保編成に座席車連結）

（佐世保20:09）長崎19:43－博多22:26/22:27－門司23:31/23:37－（大阪着7:34）新大阪7:42

特急32列車「なは」24系25形

西鹿児島19:00（熊本22:27）－博多0:09/0:10－（大阪着9:20）新大阪9:28

07-2 レガートシートと個室寝台連結

　青函トンネル、瀬戸大橋開通に伴うJR発足後初めての全国ダイヤ改正である1988（昭和63）年3月改正でも関西－九州間寝台特急の3往復体制は維持され、1990（平成2）年3月改正から「あかつき」「なは」にグレードアップした座席車「レガートシート」が連結された。「あかつき」は長崎編成にオハ14形300番代（オハ14改造）が連結され、佐世保編成から座席車オハ14形が外された。「なは」は熊本編成にオハ24形300番代（サロ481形改造）が連結された。いずれも1人掛けリクライニングシート3列で女性専用席もあった。1991（平成3）年3月から「あかつき」は京都発着になった。

　90年代には個室寝台車が連結された。所要時間で飛行機に、価格面で高速夜行バスにかなわなくなっていたが、利用者を少しでもつなぎとめるためだった。「なは」は1991年3月末からB個室寝台「デュエット」（オハネフ25形2000番代）が連結され、1992年7月から「ソロ」（スハネ25形2000番代）が連結された。「あかつき」（長崎編成）は1992年4月下旬から「ソロ」（オハネ15形350番代）が連結された。「彗星」は1994年12月から24系25形の編成になった。（注）

　1994年12月時点の牽引機について触れると「なは」「あかつき」が新大阪－下関間EF65形1000番代（下関運転所）、下関－門司間EF81形（大分運転所）、門司以遠ED76形（大分運転所）、「彗星」が新大阪－下関間が「出雲」間合運用のEF65形1000番代（田端運転所）、下関－門司間EF81形（大分運転所）、門司以遠ED76形（大分運転所）である。

　1995（平成7）年1月17日、阪神淡路大震災が発生し阪神間の鉄道は不通となり、1月30日から4月1日の復旧まで「あかつき」「なは」は尼崎－姫路間を福知山線、播但線経由で運転され所要時間が約2時間延びた。「彗星」は運休し4月20日に運転が再開されたが新大阪－南宮崎間となった。

　1998年7月、285系電車「サンライズ出雲」「サンライズ瀬戸」が東京－出雲市、高松間に登場し、客車「出雲」は1往復になったが、それまで「出雲」（下り3号、上り2号）に連結されていたA個室寝台車（シングルデラックス、オロネ14形300番代）、B個室寝台（「シングルツイン」「ツイン」合造、オハネ14形300番代）は同年10月から「あかつき」に転用された。その結果、「あかつき」には個室寝台車が3両（「シングルデラックス」オロネ14形300番代、「シングルツイン」「ツイン」オハネ14形300番代、「ソロ」オハネ15形350番代）が連結されることになった。

　（注）「なは」連結の「デュエット」オハネフ25形、「ソロ」スハネ25（改造前はオハネ25）形は元の車両番号に2000をプラスしたもので「2000番代」は正式なものではない。

07-3 「彗星」「あかつき」併結

　関西－九州間寝台特急の3往復体制（「なは」「彗星」「あかつき」）はJR発足後も10年以上続いた。2000（平成12）年3月改正時から「あかつき」の佐世保編成が廃止され、長崎編成が京都－門司間で「彗星」と併結になり、関西－九州間寝台特急は山陽線内では「なは」「あかつき・彗星」の2往復なった。（この時から「彗星」も京都発着になる）2000年3月11日改正時の時刻、車種、所属は次の通り。
（下り）
特急31列車「なは」24系25形（JR九州、基本編成鹿児島総合車両所、付属編成熊本運輸センター）
新大阪20:22（大阪20:33）－博多5:31/5:32－（熊本着7:09）西鹿児島10:23
特急33列車「彗星」「あかつき」14系15形および14系（JR西日本、京都総合車両所）
京都20:20（大阪21:02）－門司4:50/4:55－南宮崎10:31
（35列車「あかつき」門司5:02－博多6:04/6:05－長崎8:54）
（上り）
特急34列車「彗星」「あかつき」南宮崎17:37－門司23:23/23:44－（大阪着7:18）京都7:52
（36列車「あかつき」長崎19:47－博多22:15/22:16－門司着23:20）

特急32列車「なは」西鹿児島18:54(熊本22:27)−博多0:08/0:11−(大阪着9:20)新大阪9:26

「彗星」「あかつき」併結に伴い、「ソロ」(オハネ15形350番代)は「彗星」に連結された。

2000年3月時点の牽引機は新大阪−下関間が「なは」EF65形1000番代、「彗星」「あかつき」が

EF66形、下関−門司間が3列車ともEF81形(下り彗星は大分までEF81形)、九州内がED76形である。

2004(平成16)年3月13日、九州新幹線新八代−鹿児島中央間開業に伴い、「なは」は新大阪−熊本間となった。(下り西鹿児島行は京都発3月11日が最終、上りは西鹿児島発3月12日が最終)

07-4 最後は「なは」「あかつき」併結に

2005(平成17)年10月1日、「彗星」が廃止され、併結されていた「あかつき」は「なは」を新たな併結相手とし、「なは」「あかつき」として関西−九州間寝台特急は最後の1往復(山陽本線内)となった。これを機に「なは」から座席車(レガートシート)が外され、「あかつき」に「ソロ」が戻った。「なは」は5両編成(電源車含む)で個室は「ソロ」「デュエット」各1両、「あかつき」は6両で個室は「シングルデラックス」「ソロ」「シングルツイン、ツイン合造」の3両となった。2007年12月20日訂補の「なは」「あかつき」最後の時刻は次の通り。

(下り)
特急31列車「なは」「あかつき」京都20:02(大阪20:47)−博多5:52/5:53−鳥栖6:17/6:23−熊本7:36(33列車「あかつき」鳥栖6:34−長崎8:55)
(上り)
特急32列車「なは」「あかつき」熊本20:14−鳥栖21:32/22:07−博多22:30/22:31−(大阪着7:17)京都7:53(34列車「あかつき」長崎19:47−鳥栖21:48)

「なは」はJR九州熊本鉄道事業部熊本車両センターの24系25形、「あかつき」はJR西日本京都総合車両所の14系15形および14系で集中電源型と分散電源型の異系列併結になった。

2008(平成20)年3月15日ダイヤ改正で「なは」「あかつき」は廃止され、1965年10月の登場以来42年5ヶ月にわたる関西−九州間寝台特急は歴史を閉じた。最終列車は京都発、熊本・長崎発ともに3月14日だが、下り京都発最終列車は鳥栖行で運転された。残る九州特急は東京−熊本間「はやぶさ」、東京−大分間「富士」(東京−門司間併結)の1往復だけとなったが、翌2009年3月14日改正で廃止された。(最終運行は東京発、熊本・大分発ともに3月13日)これで長年運行された「九州特急」は姿を消した。

◎新大阪　2008(平成20)年2月19日

夜行快速「ムーンライト九州」

　本文中でも述べたように、関西ー九州間の座席夜行は1980年10月に急行が廃止され、1986年11月改正で「あかつき」に1両だけ座席車が連結されたが、利用率は低かった。その間、1983年3月に大阪ー福岡間に高速夜行バス「ムーンライト」が登場し、1986年3月には3列シートが導入され、これを機に関西ー九州間に夜行バスが続々登場したが、それに対抗し夜行快速が登場した。1989年から翌90年にかけての年末年始（下り12月28日〜30日、上り1月3日〜5日）に「ふるさとライナー九州」として京都ー博多間に登場し、1990年4月から「ムーンライト九州」として再び運転された。運転日は4月1日〜6月30日（上りは翌日）で、これは同年4月1日から9月30日まで大阪鶴見緑地で開催された「国際花と緑の博覧会」（花博）にあわせたものであった。夏以降も運転は続き11月30日まで運転された。時刻は次の通り。

9231列車「ムーンライト九州」
京都20:55（大阪21:34）ー門司5:51/5:56ー博多7:29
9232列車「ムーンライト九州」
博多21:11ー門司22:48/22:57ー（大阪着7:27）京都8:03

　車両は運転開始当初は「シュプール号」用に改装された14系客車200番台4両編成（指定席、自由席各2両）で、寝台特急との所要時間の差は大阪ー門司間で比べると30分程度で快速としては異例の速さであった。その後も、ゴールデンウィーク、夏休み、年末年始に運転され、青春18きっぷ利用などのエコノミー旅行者から絶大な人気を博し、編成も14系6〜8両で運転された。2008〜09年の年末年始が最後の運転で2009年3月以降は運転されていない。車両（14系客車）の老朽化に加え、格安の会員制高速ツアーバスの影響もあると考えられる。

1990年4月から京都〜博多間に運転開始された夜行快速「ムーンライト九州」。九州内はED76牽引。客車はシェプール号用の14系客車を使用し、機関車の次は展望室のあるオハフ15形200番代である。
◎鹿児島本線　博多　1990（平成2）年9月　撮影：山田 亮

1953～1964年　関西ー九州間　特急列車時刻表

下り

改正日	1953.3.15	1958.10.1	1961.10.1			1964.10.1					
列車番号	特急5	特急201	特急1D	特急2001D	特急3D	特急1D	特急2001D	特急3D	特急2003D	特急1M	特急3M
列車名	かもめ	かもめ	かもめ	かもめ	みどり	かもめ	かもめ	みどり	みどり	つばめ	はと
京都	830	830	800			800		1030			
新大阪	—	—	—		—	レ		レ		1220	1330
大阪	910	910	835		1340	835		1040		1230	1340
岡山	1147	1139	1054		1557	1054		1305		1444	1558
広島	1420	1414	1312		1813	1313		1522		1701	1813
下関	1745	1731	1618		2123	1618		1831		2011	2126
門司着	1754	1740	レ		2131	レ		1845		2019	2134
門司発	1758	1744	レ		2132	レ		1847		2024	2139
小倉着	レ	レ	1632	↗	レ	1632	↗	レ	↗	レ	レ
小倉発	レ	レ	1635	1638	レ	1635	1638	レ	1851	レ	レ
博多	1910	1850	1733	—	2235	1733	—	1944	—	2130	2245
熊本			—			—		2135	—		
長崎着			2005			2008					
大分				1844			1846		2110		
宮崎着				2200			2201				
備考					12月15日から運転					下関ー門司間 EF30牽引／門司ー博多間 ED73牽引	下関ー門司間 EF30牽引／門司ー博多間 ED73牽引

上り

改正日	1953.3.15	1958.10.1	1961.10.1			1964.10.1					
列車番号	特急6	特急202	特急4D	特急2002D	特急2D	特急2M	特急4D	特急2004D	特急4M	特急2D	特急2002D
列車名	かもめ	かもめ	みどり	かもめ	かもめ	はと	みどり	みどり	つばめ	かもめ	かもめ
宮崎				800							800
大分				1115				910			1119
長崎					950					950	
熊本							830		845		
博多	1000	1020			1225	950	1023			1225	
小倉着	レ	レ		1319	1321	レ	1116	1116	レ	↗	1322
小倉発	レ	レ		↗	1326	レ	1123	↗	レ	↗	1329
門司着	1112	1126			レ		レ		952		レ
門司発	1116	1130			レ		レ		957		レ
下関	1129	1143			1341		1137		1010		1344
広島	1453	1502			1648		1445		1322		1649
岡山	1722	1734			1908		1703		1540		1908
大阪	2000	2000			2125		1925		1802		2125
新大阪着	—	—			レ		1935		1812		レ
京都着	2040	2040			2200						2200
備考				12月16日から運転		博多ー門司間 ED73牽引／門司ー下関間 EF30牽引			博多ー門司間 ED73牽引／門司ー下関間 EF30牽引		

1984年10月1日改正時　関西～九州間　特急時刻表

下り

駅	特急1D なは	特急2001D 日向	特急3D かもめ	特急2003D かもめ	特急1M みどり	特急6003M はと1号	特急5M つばめ	特急7M はと2号	特急21 あかつき1号	特急2021 あかつき1号	特急23 彗星	特急6009M 月光1号	特急11M 明星	特急25 あかつき2号	特急2025 あかつき2号	特急13M 月光2号	特急15M 金星
京都			800				1101										036
新大阪	740		840		928	1035	1129	1328	1828	1828	1928	1938	2028	2128		2228	114
大阪	レ				935	1042	1137	1335	1836	1836	1936	1945	2035	2136		2235	レ
岡山	950		1052		1144	1250	1347	1544	2110	2110	2212	2216	2312	012		112	330
広島	1204		1304		1353	1501	1600	1753	2335	2335	レ	レ	レ	235		335	549
下関	1506		1606		1648	1759	1856	2052	249	249	035	047	135	レ		レ	レ
門司着	レ		レ		レ	レ	レ	レ	レ	レ	357	418	447	549		647	901
門司発	レ		レ		レ	レ	レ	レ	レ	レ	レ	レ	レ	レ		レ	レ
小倉着	1519	1519	1619		1700	1811	1908	2104	258	258	406	434	459	557		658	913
小倉発	1525	1522	1625	1622	1701	1812	1909	2106	303	303	411	436	500	602		659	914
博多	1621	レ	1719		レ	1901	2002	2156	410	レ	レ	535	553	706		750	1005
鳥栖着			レ	1752			レ		436					732			
鳥栖発			レ	1754			レ		441	448			レ	736	743		
熊本	1758						2136		604				725	856			
西鹿児島	2120								935					1237			
長崎着			1948														
佐世保着				1938						721					931		
大分		1731			1905						651						
宮崎着		2108									1031						
備考				筑豊本線経由		季節列車	名古屋発915					季節列車					名古屋発2242

上り

駅	特急16M 金星	特急14M 月光1号	特急2026 あかつき1号	特急26 あかつき1号	特急24 彗星	特急12M 明星	特急6010M 月光2号	特急2022 あかつき2号	特急22 あかつき2号	特急8M はと1号	特急6M つばめ	特急6004M はと2号	特急2M みどり	特急2004D かもめ	特急4D かもめ	特急2002D 日向	特急2D なは
宮崎					1645											905	
大分					2040								1005			1242	
佐世保			1835											1030			
長崎								2200							1010		
西鹿児島				1535					1925								855
熊本				1910		2140			2303		740						1214
鳥栖着				2026					023					1214			
鳥栖発			2022	2039				019	035		レ			1216			
博多	1850	2015		2105		2317	2355		101	815	915	1015			1251		1351
小倉着	1941	2107		2204	2259	007	102		159	906	1004	1105	1210	1345	1342	1445	1442
小倉発	1942	2108		2209	2304	008	103		204	907	1005	1106	1211		1350		1450
門司着	レ	レ		レ	レ	レ	レ		レ	レ	レ	レ	レ		レ		レ
下関	1956	2121		2222	2317	022	119		217	919	1018	1119	1225		1405		1505
広島	2310	040		140	240	340	440		535	1219	1315	1417	1520		1708		1808
岡山	125	259		401	500	600	701		807	1427	1524	1627	1726		1923		2024
大阪着				634	734	842	935		1034	1635	1731	1835	1935				
新大阪着	341	536		642	742	850	942		1042	1642	1739	1842	1942		2136		2236
京都着	419	545									1810				2225		
備考	名古屋着615						季節列車				名古屋着1956	季節列車		筑豊本線経由			

1980～2008年　関西−九州間　寝台特急時刻表

下り

改正日	1980.10.1										1986.11.1			2000.3.11			2005.10.1	
列車番号	特急23M	特急3001M	特急25	特急41	特急6027	特急3003	特急45	特急4047	特急31M	特急21M	特急31	特急33	特急35	特急31	特急35	特急33	特急35	特急31
列車名	なは	彗星1号	明星1号	あかつき1号	明星3号	彗星3号	あかつき3号	あかつき3号	明星5号	金星	なは	彗星	あかつき	なは	あかつき	彗星	あかつき	なは・あかつき
京都					1938	1957	2031			043						2020		2009
新大阪	1825	1842	1852		1951	2006	2040		2156	121	2023	2046	2055	2022	2055	2051		2037
大阪	1834	1851	1903	1909		2235	2308		2205	レ	2031	2054	2106	2033	2106	2102		2047
岡山	2101	2120	2125	2140	2219		456		044	535	2253	2313	2323	2254	2323	2317		2304
広島	2317	2339	2354	009	047		504		535	832	レ		448	レ	448			レ
下関	レ	レ	レ	レ	レ		512	523	606		レ		456	レ	456	442		429
門司着	レ	レ	レ	レ	レ		520		612		レ		501	レ	501	450	↗	436
門司発	レ	レ	レ	レ	レ		616		613		レ		509	レ	509	455	502	442
小倉	レ	レ	レ	レ	レ		648	715	620	844	レ		606	レ	606	503	509	450
博多	レ	レ	429	443	526				713	939	534		632	532	632		605	553
鳥栖	レ	レ	457	511	554						600			558			630	623
熊本	526		620		720						719			714				736
西鹿児島	838		947		1058						1035			1023				—
長崎				729			904						842		842			854
佐世保				658				912					835		835		854	
大分		507				712						705				658		
宮崎着		828				1054						1031				1026		
都城着						1150						1127						
備考				肥前山口で分割　肥前山口ー長崎　4041列車	季節列車			筑豊本線経由		名古屋発2250			肥前山口で分割　肥前山口ー佐世保　4035列車			南宮崎着1031		鳥栖で分割　あかつき33列車　鳥栖発634

上り

改正日	1980.10.1										1986.11.1			2000.3.11			2005.10.1
列車番号	特急22M	特急32M	特急6028列車	特急44列車	特急4046列車	特急3004列車	特急40列車	特急26列車	特急3002M	特急24M	特急34列車	特急36列車	特急32列車	特急34列車	特急36列車	特急32列車	特急32列車
列車名	金星	明星2号	明星4号	あかつき2号	あかつき2号	彗星2号	あかつき4号	明星6号	彗星4号	なは	彗星	あかつき	なは	彗星	あかつき	なは	なは・あかつき
都城						1550					1645			1748			
宮崎						1643			2033		1736			1829			
大分						2033			2259		2117			2119			
佐世保					1508		1832					1937			1940		
長崎				1829			1916					1943			1937		1947
西鹿児島		1903	1508					1643					1934		1900	1854	1854
熊本		2049	1903				2043	2034			2137	2202	2250	2148	2207	2227	2227
鳥栖		2144	2026	2020			2110	2157			2204	2227	レ	2216	2223	2148	2342
博多	1847		2052	2043			2204	2223			2300	2325	029	2314	2321	2320	011
小倉	1939	2148	2155	2110	2206	2246	2300	2321	2321		2325	2331	057	2325	2328	2323	107
門司着	レ	2144	2200	2206	2213	2254	2307	2328			2326	2337		2317	2323	2331	113
門司発	レ	2200	2225		2225	2259	2312	2333						2344			118

50

	1956	2159	2213		2238	2312	2325	2346	レ	レ	2339	2350	レ		2356	レ	2349
下関	2300	レ	レ		レ	レ	レ	レ	レ	レ	レ	レ	レ		レ	レ	レ
広島	レ	レ	レ		レ	レ	レ	レ	413	434	レ	レ	レ		レ	レ	レ
岡山	331	レ	レ		レ	444	502	521	629	656	502	512	651		510	650	505
大阪着	レ	600	613		640	708	736	746	912	934	721	734	920		718	920	719
新大阪着	410	609	622			718	745	755	922	943	729	742	928		724	926	725
京都着															752		754
備考	名古屋着 609		季節列車	筑豊本線経由			肥前山口で併合 長崎－肥前山口 4040列車					肥前山口で併合 佐世保－肥前山口 4036列車			南宮崎発 1737		鳥栖で併合 みかつき 34列車 鳥栖着 2147

客車特急「かもめ」編成表

1953（昭和28）年3月15日改正　特急5、6列車「かもめ」

→進行方向　| スハニ35 | スハ44 | スハ44 | スロ54 | スロ54 | スシ47 | スロ54 | スロ54 | スハフ43 | （号車番号は進行方向が1号車）

（注）運転開始当初の編成。食堂車は同年7月1日（博多発）から冷房付マシ29となる

1953（昭和28）年11月1日（博多発）から次のように変更

→進行方向　| スハニ35 | スハ44 | スハ44 | マシ29 | スロ54 | スロ54 | スハ44 | スロ54 | スロ54 | スハフ43 | （号車番号は進行方向が1号車）

1957（昭和32）年6月5日（下りは6日）から　特急5、6列車「かもめ」

←博多　| オハニ36 | スロ54 | スロ54 | マシ49 | ナハ11 | ナハ11 | ナハ11 | ナハフ11 | 京都→

（注）1959年7月から食堂車はオシ17になる

1960（昭和35）年12月中旬以降　特急201、202列車「かもめ」

←博多　| オハニ36 | ナロ10 | ナロ10 | オシ17 | ナハ11 | ナハ11 | ナハ11 | ナハフ11 | 京都→

ディーゼル特急編成表

1961（昭和36）年10月1日改正時　特急1D、2D、2001D、2002D「かもめ」

←長崎、宮崎　| キハ82 | キロ80 | キハ80 | キハ82 | キハ80 | キシ80 | キハ80 | キハ82 | 京都→

（長崎／宮崎／京都→）

（注）1963年10月改正時からキハ80を長崎編成。宮崎編成に1両ずつ増結して14両編成化

1961（昭和36）年10月1日改正時　特急1D、2D「いそかぜ」（運転開始は下り12月15日、上り12月16日）特急3D、4D「みどり」

←博多　| キハ82 | キロ80 | キハ80 | キハ82 | キハ80 | キハ82

1965（昭和40）年10月1日改正時　特急1D、2D「いそかぜ」特急3D.4D.2003D.2004D「かもめ」特急5D.6D、2005D、2006D「みどり」

←九州方面　| キハ82 | キロ80 | キハ80 | キハ82 | キハ80 | キハ82 | キハ80 | キシ80 | キハ80 | キハ82 | キハ80 | キハ82 | 関西方面→

（いそかぜ大分―大阪、かもめ長崎―京都、みどり大分―新大阪）
（いそかぜ宮崎―大阪、かもめ西鹿児島―京都、みどり佐世保―新大阪）

（注）「いそかぜ」1～6号車および12.13号車は長崎編成「みどり」5.6号車自由席「いそかぜ」は1966年10月以降2.5.6.12.13号車自由席

1968（昭和43）年10月1日改正時　特急1D.2D「なは」2001D.2002D「日向」2001D.2002D「かもめ」

←九州方面　| キハ82 | キロ80 | キハ80 | キハ82 | キハ80 | キハ82 | キハ80 | キロ80 | キハ80 | キハ82 | 関西方面→

（日向　宮崎―大阪、なは佐世保―京都）
（なは　西鹿児島―大阪、かもめ長崎―京都）

（注）「日向」5.6号車自由席、「なは」12.13号車自由席

電車特急編成表

1964 (昭和39) 年10月1日改正時　特急1M.4M「つばめ」　特急3M.2M「はと」

←博多　| クロ151 | モロ150 | サロ150 | モハ151 | サハ150 | モハ150 | モハ151 | サハ150 | モハ151 | クハ151 |　新大阪→

(注) 下関-門司間EF30、門司-博多間ED73牽引。機関車次位に電源車サヤ420連結。4号車はサロ151の場合あり

1965 (昭和40) 年10月1日改正時　特急5M.6M「はと」

←熊本、博多　| クハ481 | モハ480 | モハ481 | モハ480 | モハ481 | サロ481 | モハ480 | モハ481 | クハ481 |　新大阪、名古屋→

(注) 5号車および7～11号車自由席。1966年10月から5号車自由席および8～11号車自由席
(注) 1968年10月改正以降は九州へ直通する481系は特急「みどり」だけになり、5号車が自由席

1967 (昭和42) 年10月1日改正時　特急1M、2M「みどり」　特急7M.8M「月光」

←博多、大分　| クハネ581 | サハネ581 | モハネ580 | モハネ581 | サシ581 | モハネ580 | モハネ581 | サハネ581 | クハネ581 |　新大阪→

(注)「みどり」9～12号車自由席

1968 (昭和43) 年10月1日改正時　581、583系電車特急

←九州方面　| クハネ581 | サハネ581 | サロ581 | モハネ582 | モハネ583 | サハネ581 | モハネ582 | モハネ583 | クハネ583 |　新大阪、名古屋→

(注) 電動車はモハネ580、モハネ581の場合あり。昼行特急は8～12号車自由席。1970年3月から9～12号車が自由席

1972 (昭和47) 年3月15日改正時　481、485系電車特急

←九州方面　| クハ481 | モハ484 | モハ485 | サロ481 | モハ484 | モハ485 | クハ481 |　関西方面→

(注) 電動車はモハ480、モハ481の場合あり。9～11号車自由席

1975 (昭和50) 年3月10日改正時　581、583系電車特急

←九州方面　| クハネ581 | モハネ582 | モハネ583 | サシ581 | モハネ582 | モハネ583 | クハネ581 |　関西方面→

(注) 両端のクハネはクハネ583の場合あり。電動車はモハネ580、モハネ581の場合あり。食堂車営業休止

客車寝台特急編成表

1965 (昭和40) 年10月1日改正時　特急11.12列車、2011.2012列車「あかつき」

←西鹿児島、長崎　| マニ20 | ナロネ21 | ナハネ20 | ナハネ20 | ナハネ20 | マヤ20 | ナハ20 | ナシ20 | ナハネ20 | ナハネ20 | ナハネ20 | ナハフ21 |　新大阪→

（マヤ20：鳥栖-長崎、長崎）

[あかつき] 西鹿児島-新大阪、[彗星] 宮崎-新大阪

1968 (昭和43) 年10月1日改正時　20系寝台特急「あかつき」「彗星」

←九州方面　| カニ21 | ナロネ21 | ナハネ20 | ナハネ20 | ナハネ20 | ナハネ20 | ナシ20 | ナハネ20 | ナハネ20 | ナハネ20 | ナハネ20 | ナハネフ22 |　新大阪→

[あかつき] 長崎・佐世保-新大阪、[彗星] 宮崎・大分-新大阪

(注) 荷物車はカニ22の場合あり

53

1972 (昭和47) 年3月15日～7月20日 [あかつき] 下り1号、上り3号

←西鹿児島

カニ21	ナロネ22	ナハネ20	マヤ20	ナシ20	ナハネ20	ナハネ20	ナハネ20	ナハネ20	ナハネ20	ナハネ22
西鹿児島		長崎	鳥栖長崎							新大阪

新大阪→

(注) 1972年3月15日から [あかつき] 下り1号、上り1.2.3号 と共通運用で品川客車区所属車が [はやぶさ] 編成全体が、7月までの4ヶ月間西鹿児島編成に個室寝台付ナロネ22が連結

1972 (昭和47) 年10月2日改正時　14系寝台特急 [あかつき] 下り2.3.4号、上り1.2.3号 (下り2号、上り3号は全編成新大阪－熊本)

←九州

スハネフ14	オロネ14	オハネ14	スハネフ14	オハネ14	オハネ14	スハネフ14	オハネ14	オハネ14	スハネフ14
						下り3号、上り2号西鹿児島・新大阪、下り4号、上り1号熊本－新大阪			下り3号、上り2号佐世保－新大阪、下り4号、上り1号長崎－新大阪

新大阪→

1973 (昭和48) 年10月1日改正時　24系24型寝台特急 [あかつき] 下り4号、上り3号、[彗星] 下り4号、上り1号

←西鹿児島、大分

カニ24	オロネ24	マヤ24	オハネ24	オハネ24	オハネ24	オハネフ24	オハネ24	オハネ24	オハネフ24
						[あかつき] 熊本－新大阪、[彗星] 下関－新大阪			

新大阪→

(注) [彗星] 下り4号、上り1号食堂車営業休止

24系24型寝台特急 [あかつき] 下り3号、上り1号、[彗星] 下り3号、4号

←長崎、大分

マヤ24	オハネ24	オハネ24	オハネ24	オハネフ24	オハネ24	オハネ24	オハネフ24

新大阪→

(注) 電源車マヤ24はカヤ24、カニ24の場合あり

1974 (昭和49) 年4月25日改正時　24系25型寝台特急 [あかつき] 下り3.6号、上り1.2号、[彗星] 下り5号、上り1号

←長崎、熊本、大分

カニ24	オハネフ25	オハネ25	オハネ25	オハネ25	オハネ25	オハネ25	オハネ25	オハネフ25

新大阪→

(注) 電源車カニ24はマヤ24、カヤ24の場合あり、[彗星] 下り5号、上り1号の7～12号車は下関－新大阪間

1986 (昭和61) 年11月1日改正時　特急31.32列車 [なは]

←西鹿児島

カニ24	オハネフ25	オハネ25	スハネフ15	オハネ15	オハネ15	スハネフ15	オハネ15	オハネ15	オハネ25
						熊本			新大阪

新大阪→

特急33.34列車 [彗星]

←都城

スハネフ15	オハネ15	オハネ15
		長崎

特急35.36、4035.4036列車 [あかつき]

←長崎、佐世保

スハネフ15	オハネ15	オハネ15	スハネフ15	オハネ15	オハネ15	スハネフ15	オハネ15	オハ14	オハネ15
					大分			新大阪	

新大阪→

1994 (平成4) 年12月3日改正時　特急31.32列車 [なは]

←西鹿児島

カニ24	スハネフ15	オハネ15	オハネ15	オハネ25	オハ24	オハネ25	●オハネ25	●オハネ25	オハネ25	オハネフ25
				ソロ	レガートシート	デュエット	デュエット		熊本	新大阪

新大阪→

(注) 5号車 [ソロ] スハネ25 2000番代、6号車 [レガートシート] オハ24 300番代、7号車 [デュエット] オハネ25 2000番代、8～11号車 (●印) は連結しない日あり

54

特急 33.34 列車「彗星」

←南宮崎

カニ24	オハネフ25	オハネ25	オハネ25	オハネ25	●オハネ25	オハネフ25	新大阪→

(注) 2.3.7 号車 (●印) は連結しない日あり

特急 35.36、4035.4036 列車「あかつき」

←長崎、
佐世保

オハ14	オハネ15	スハネフ15	●オハネ15	オハネ15	オハネ15	スハネフ15	オハネ15	スハネフ15	京都→
レガートシート	ソロ							←佐世保	
→長崎						京都→			

(注) 1号車「レガートシート」オハ14 300番代、2号車「ソロ」オハネ15 350番代、4.5.10号車 (●印) は連結しない日あり
10号車「ソロ」オハネ15 350番代、5.6.11号車 (●印) は連結しない日あり

1998 (平成10) 年10月3日改正時から「あかつき」は次の編成になる

←長崎、
佐世保

オハ14	オロネ14	スハネフ15	●オハネ15	オハネ15	オハネ15	スハネフ15	オハネ15	スハネフ15	京都→
レガートシート	シングル デラックス	ツイン シングルツイン						ソロ	
→長崎							←佐世保	京都→	

(注) 1号車「レガートシート」オハ14 300番代、2号車「シングルデラックス」オロネ14 300番代、3号車「ツイン」「シングルツイン」オハネ14 300番代、
10号車「ソロ」オハネ15 350番代、(●印) は連結しない日あり

2000 (平成12) 年3月11日改正時 特急 31.32 列車「なは」

←西鹿児島

カニ24	オハネフ25	オハネ25	オハ24	スハネ25	●オハネ25	オハネフ25	新大阪→
あおあ	あおあ		レガートシート	デュエット	ソロ	熊本	

(注) 5号車「ソロ」スハネ25 2000番代、6号車「レガートシート」はオハ24 300番代、7号車「デュエット」はオハネ25 2000番代、8.9号車 (●印) は連結しない日あり

特急 33.34 列車「彗星」35.36 列車「あかつき」

←南宮崎、
長崎

スハネフ15	オハネ25	スハネ25	オロネ14	●オハネ15	オハネ15	スハネフ15	オハネ15	スハネフ15	オロネ14	オハ14	京都→
		ソロ	デュエット					シングル デラックス	ツイン シングルツイン	レガートシート	
←南宮崎	「彗星」					京都→					
		「なは」			←長崎						京都→

(注) 2号車「ソロ」スハネ25 2000番代、4号車「デュエット」オハネ25 2000番代、6号車「シングルデラックス」オロネ14 300番代、12号車「シングルデラックス」オロネ14 300番代、13号車「シングルツイン」オハネ14 300番代、
14号車「レガートシート」オハ14 300番代、3.4.8号車 (●印) は連結しない日あり

2005 (平成17) 年10月1日改正時 特急 31.32 列車「なは」33.34 列車「あかつき」

←熊本、
長崎

カニ24	スハネフ15	オハネ25	スハネフ15	●オハネ15	オハネ14	オロネ14	オハネ15	スハネフ15	オハネ14	オハ14	京都→
		ソロ			ツイン シングルツイン	シングル デラックス			ツイン	レガートシート	
←熊本				「あかつき」					シングルツイン		京都→
←長崎				「なは」							

(注) 3号車「ソロ」スハネ25 2000番代、4号車「デュエット」オハネ25 2000番代、6号車「シングルデラックス」オロネ14 300番代、7号車「シングルツイン」オハネ14 300番代、8号車「ツイン」「シングルツイン」オハネ14 300番台、10号車「ソロ」オハネ15 350番代
7号車「ツイン」「シングルツイン」オハネ14 300番代、8号車「ソロ」オハネ15 350番代、10号車「レガートシート」オハ14 300番代

55

客車急行編成表

（注）2等寝台車（→B寝台車）はオハネ12、スハネ16が混用される場合あり。2等車（→普通車）はナハ10.11、オハ46.47、スハ43が混用される場合あり。

1968（昭和43）年10月1日改正時　急行201.202列車「しろやま」

←西鹿児島　　　　　　　　　　　　　　　　　　　　　　大阪→

オハネフ12	オロネ10	スロ54	マニ	ナハ11	オハ	オハフ45	スハ43	スハネ16	スハ43	スハフ42
		半車指定		指定席			←八代		大阪→	

急行203.204列車「西海」下り2号、上り1号

←佐世保　　　　　　　　　　　　　　　　　　　　大阪→

マニ	スハフ43	オハネ12	オハネ16	スロ54	スハネ16	ナハ	スハ43	スハフ42
佐世保鳥栖	指定席	門司→大阪		自由席				大阪→

急行205.206列車「日南」下り1号、上り3号（寝台列車）

←宮崎　　　　　　　　　　　　　　　　　　　　大阪・新大阪→

マニ（上り）	オハネフ12	オロネ10	スロ54	マロネ41	スハネ16	スハ44	スハネ16	オハネフ12
門司新大阪			指定席	指定席 ←大分				大阪・新大阪→

急行207.208列車「天草」

←熊本　　　　　　　　　　　　　　　　　　　　　　京都→

スハフ43	スロ54	オロ11	オハネ16	スハネ16	スハネ16	オハ	スハフ45	スハ43	スハフ42
指定席	半車指定				←門司				京都→

急行209.210列車「日南」下り3号、上り1号

←都城　　　　　　　　　　　　　　　　　　京都→

スハニ36	マロネ41	スハネ16	オハネフ12	オロ11	ナハ	ナハ	ナハフ10
指定席		京都→		自由席			←宮崎　京都→

急行211.212列車「雲仙2号」

←長崎　　　　　　　　　　　　　　　京都→

スハフ43	オロ11	スハネ16	スハネ16	ナハ	スハネ16	スハフ42
半車指定	食堂車					博多京都→

急行1213.1214列車「阿蘇」

←熊本　　　　　　　　　　　　　　　　名古屋→

ユ	スハニ36	オハニ36	スロ54	オハネ16	オハ	オハ	スハフ43
門司名古屋	指定席	半車指定				←博多	名古屋→

急行215.216列車「つくし3号」（寝台列車）

←博多　　　　　　　　　　　　　　　　　　　　　大阪・新大阪→

ニ（下り）	ニ	ニ	マロネ41	オハネ12	スハネ12	オハネ12	スハネ43	オハネ12	オハネ16	オハネフ12
門司大阪						指定席	指定席	大阪・新大阪→	←下関	

1975（昭和50）年3月10日　急行201.202列車「雲仙」4201.4202列車「西海」

←長崎　　　　　　　　　　　　　　　　　　　　新大阪→
　佐世保

マニ37	スハフ14	オハ14	オハ14	スハネ14	オハ14	オハ14	オハ14	スハフ15
←長崎	「雲仙」	「雲仙」	←佐世保	「西海」			新大阪→	新大阪→

（注）1975年12月から「雲仙」5.6号車自由席、「西海」7.8号車自由席

第2章
優等列車の写真記録

向日町運転所（後のJR西日本京都総合運転所。現JR西日本吹田総合車両所京都支所）で待機する特急電車。左から「うずしお」
（新大阪～宇野）クロハ181形、「北越」（大阪～新潟）クハ481形、「はと」（新大阪～博多）クハネ581形。
◎東海道本線　向日町運転所　1970（昭和45）年8月2日　撮影：野口昭雄

かもめ

ステンレス製車体のEF10形が牽引する上り「かもめ」、「かもめ」を牽引するEF10形にはヘッドマークを付けていた。関門トンネル用のEF10形の一部は海水漏水対策としてステンレス車体であった。
◎鹿児島本線　門司　1953（昭和28）年3月15日　撮影：竹島紀元

「かもめ」を門司〜博多間で牽引したC57 11（門司機関区）。門鉄型デフレクター（通称門デフ）には「波とかもめ」の装飾が施されている。◎鹿児島本線　1953（昭和28）年　撮影：竹島紀元

門司に到着した下り「かもめ」初列車。「かもめ」の関門トンネル区間はEF10形が牽引した。
◎鹿児島本線　門司　1953（昭和28）年3月15日　撮影：竹島紀元

C57に牽引されて博多駅を出発する上り特急「かもめ」。運転開始時から東京までの運転が地元から強く要望されたが、大阪を有効時間帯に入れての特急運転は困難で、実現しなかった。東京直通は3年後に「あさかぜ」で実現した。
◎鹿児島本線　博多　1953（昭和28）年頃　撮影：竹島紀元

旧博多駅を発車するC59 82（門司機関区）牽引の上り「かもめ」。「かもめ」の九州内牽引機はC57形からC59形に変わった。
◎鹿児島本線　博多　1956（昭和31）年　撮影：竹島紀元

京都駅6番線で発車を待つC59 118（梅小路機関区）牽引の特急「かもめ」。「かもめ」は運転開始当初は京都～下関間をC59
が牽引した。左は東京発大社行急行「出雲」（福知山線経由）に連結の2等寝台車マロネ39形。マロネ39形は戦前型2等寝台
車マロネ37（ツーリスト型開放寝台、戦後の形式はマロネ29）形を4人用個室（8室）に改造した車両。
◎東海道本線　京都　1958（昭和33）年2月10日　撮影：辻阪昭浩

京都駅を発車する博多行特急「かもめ」の最後部。「かもめ」のバックサインがついたナハフ11。「かもめ」3等車は一方向
き2人掛座席のスハ44系でスタートしたが、博多での方向転換の煩雑さをなくすため、1957年6月から軽量客車ナハ11系と
なった。翌年151系「こだま」、20系「あさかぜ」が登場すると冷房のない「かもめ」は見劣りし特急らしからぬ特急となった。
画面右は急行出雲の3等寝台車ナハネ10型。◎東海道本線　京都　1958（昭和33）年2月10日　撮影：辻阪昭浩

キハ82 27（向日町運転所）を先頭にした上りキハ80系ディーゼル特急「かもめ」。長崎～関西間は夜行利用が中心で、丸一日かかる「かもめ」で乗り通す乗客は少なく、長崎～博多間に特定特急料金が設定されていた。大村湾沿いの風光明媚な区間で、列車後方に東園信号場（1961年10月開設、1966年10月駅に昇格）の場内信号機が見える。
◎長崎本線　大草～喜々津　1964（昭和39）年3月　撮影：辻阪昭浩

長崎を発車する廃止5日前のディーゼル「かもめ」。長崎駅は新幹線建設のため、駅、車両基地は移転し様変わりしている。
◎長崎本線　長崎　1975（昭和50）年3月5日　撮影：太田正行

冷水峠の25‰勾配を登る佐世保発キハ80系「かもめ」。この先に冷水トンネル（3286m）がある。DMH17系列のエンジンを装備したキハ80系気動車は勾配区間では40km/h位で重々しいエンジン音を山々に響かせゆっくりと登った。DMH17系エンジンの出力不足は1960年前後から問題になっていたが、それに代わるエンジンの開発には時間を要した。
◎筑豊本線　筑前山家〜筑前内野
1969（昭和44）年7月
撮影：山田亮

山陽西部の瀬戸内海沿いに走る廃止3日前の上りキハ80系特急「かもめ」背後は周防大島（屋代島）。現在では背後の海岸は一部が埋め立てられ由宇歴史資料館がある。撮影時は玖珂郡由宇町で現在は岩国市である。
◎山陽本線　神代〜由宇　1975（昭和50）年3月7日　撮影：山田 亮

廃止2日前の下りキハ80系ディーゼル特急「かもめ」。「かもめ」は1961年10月1日にディーゼル化されて以来、1975年3月の新幹線博多開業の前日まで気動車で運転され、最後まで全車座席指定だった。撮影者野口氏のメモに場所の記載はないが、Google Earthで検索したところ背後の山の形から河内駅構内と判明した。
◎山陽本線　河内　1975（昭和50）年3月8日　撮影：野口昭雄

尾道を過ぎると再び瀬戸内海が車窓に現れ、次の糸崎まで尾道水道の海岸風景を楽しめる。国道2号と平行し海岸沿いに走るキハ80系ディーゼル特急「かもめ」。1961年から1975年までディーゼルで走り続けた「かもめ」は電化後も山陽本線を代表する列車だった。◎山陽本線　尾道～糸崎　1975（昭和50）年2月10日　撮影：野口昭雄

入野～白市のカーブを行く最終日の下り「かもめ」、1961年以来走り続けた山陽本線のディーゼル特急もこの日限りで終わりを告げた。最終日で食堂車が連結されていない。
◎山陽本線　入野～白市
1975（昭和50）年3月9日
撮影：山田 亮

小雨降る広島に到着した上り「かもめ」最終列車。先頭車はお別れの装飾が施されている。ホームの時計は17時30分で所定発車時刻17時20分から10分遅れている。ホームには最終列車を見送る少年ファンの姿も見える。
◎山陽本線　広島
1975（昭和50）年3月9日
撮影：山田 亮

ディーゼル特急「かもめ」の側面列車名、列車種別表示（通称サボ）。
◎山陽本線　広島
1975（昭和50）年3月9日
撮影：山田 亮

ディーゼル特急「かもめ」の長崎〜京都の側面行先表示（通称サボ）サボは鉄道用語でサイドボードの略。
◎山陽本線　広島
1975（昭和50）年3月9日
撮影：山田 亮

長崎本線三田川で佐世保発鳥栖行432D（左）を追い抜く「かもめ」佐世保発編成。先頭車のヘッドサインは紙張り。破損または紛失したのか？。432Dにはキロ25格下げのキハ26形400番代が連結されている。
◎長崎本線　三田川
1973（昭和48）年8月
撮影：隅田 衷

冷水峠への上り勾配にさしかかる上りキハ80系「かもめ」、佐世保発着編成は筑豊本線を経由した。
◎筑豊本線
筑前山家〜筑前内野
1969（昭和44）年3月
撮影：隅田 衷

廃止3日前の下り「かもめ」。「かもめ」は堂々13両編成で電車特急にまじって山陽本線を走り続けた。
◎山陽本線　由宇〜神代
1975（昭和50）年3月
撮影：山田 亮

つばめ

下関を発車する1964年10月ダイヤ改正初日の上り特急「つばめ」、この日をもって山陽本線全線が正式に電化開業し、ついに本州の西端まで151系電車特急、153系電車急行が進出した。
◎山陽本線　下関　1964（昭和39）年10月1日　撮影：奈良崎博保

地元の小中学生に見送られ下関を発車するダイヤ改正初日の上り「つばめ」先頭はクハ151形。博多～下関間は電気機関車機
関車牽引のため先頭車の連結器カバーが外され、連結器がむきだしになって「こだま」の優雅さが失われたとの声もあった。
◎山陽本線　下関　1964（昭和39）年10月1日　撮影：奈良崎博保

下関を発車する151系上り「つばめ」最
後部はパーラーカー、クロ151形。東海道
時代の編成のまま山陽特急に転進した。
◎山陽本線　下関
1964（昭和39）年10月4日
撮影：奈良崎博保

ED73 22(門司機関区)が牽引する電源車
サヤ420形と151系「つばめ」。151系「つ
ばめ」「はと」は下関〜門司間EF30、門司
〜博多〜南福岡(電車区)間ED73が牽引
した。ED72ではなくED73とした理由は
客車暖房用の蒸気発生装置(SG)が不要の
ため、SGのないED73となった。バック
は八幡製鉄所で「鉄都」を代表する光景。
◎鹿児島本線　八幡
1965(昭和40)年9月
撮影：辻阪昭浩

下関以西はパンタグラフを下ろして走る151系「つばめ」の行先表示と種別表示。側面表示は国鉄部内ではサボ(サイドボー
ドの略)と呼ばれた。「つばめ」「はと」の九州内乗車率は低く、1等車(→グリーン車)モロ151形、モロ150形はほとんど空席
である。◎鹿児島本線　八幡　1965(昭和40)年9月　撮影：辻阪昭浩

博多駅で485系「つばめ」自由席に乗る乗客。この列車は博多始発10時28分「つばめ5号」岡山着16時30分、東京へは21時05分着で、博多から東京へは一日がかりだった。特急自由席は混雑防止のため7月20日から8月20日まで全車指定席だが、撮影の8月下旬は一部自由席だった。◎鹿児島本線 博多 1974（昭和49）年8月下旬 撮影：山田 亮

名古屋〜熊本間950.6㎞を走破する481系「つばめ」。1965年10月改正でそれまでの名古屋〜鹿児島間客車急行「さつま」を格上げする形で登場した。線路の上下線間からの撮影で、現在ではこのような撮影は認められないが当時は黙認されていた。
◎山陽本線　熊山
1965（昭和40）年10月7日
撮影：辻阪昭浩

1965年10月から「つばめ」「はと」は交直流481系となった。60ヘルツ用を表す赤スカートのクハ481。
◎鹿児島本線　小倉
1965（昭和40）年11月3日
撮影：奈良崎博保

瀬野～八本松間の大カーブ、22.5‰勾配を登る上り481系特急「つばめ」熊本発名古屋行。120‰モーターを装備した481系は瀬野～八本松間の上り勾配でも自力走行が可能で151系時代の補機連結を不要とした。先頭のクハ481形は60ヘルツ用を表す赤スカートだが、50、60ヘルツ両方に使用でき、後年赤スカートのまま常磐線特急「ひたち」に使用された。
◎山陽本線　瀬野～八本松
1966 (昭和41) 年12月
撮影：辻阪昭浩

瀬野～八本松間の大カーブを行く上り481系「つばめ」。1965年10月改正時から上り方5両が自由席となり「大衆特急」となったが、指定席の入手難、多客期には途中駅からでは座れないなど苦情も多く、1966年10月から自由席は4両となった。1970年からは指定席・自由席の比率がおおむね2：1となった。
◎山陽本線　瀬野～八本松
1966 (昭和41) 年12月30日
撮影：辻阪昭浩

瀬戸内海をバックに西へ向かう廃止数日前の485系「つばめ」。背後の島は屋代島 (周防大島)。この先が大畠瀬戸で1976年7月に大島大橋ができた。◎山陽本線　由宇～神代　1975 (昭和50) 年3月　撮影：山田 亮

社寺が多く文学や映画の舞台になった尾道を行く上り481系特急「つばめ」。最後部のボンネット型クハ481形は60ヘルツ用を表す赤スカートだが、50・60ヘルツ両用だった。山陽、北陸、九州で運行された後、1985年に勝田電車区に転属し赤スカートのまま常磐線特急「ひたち」に使用され、上野駅に現れ関東の電車ファンを喜ばせた。
◎山陽本線　尾道〜松永　1975（昭和50）年2月9日　撮影：野口昭雄

伊吹山を眺めて走る下り583系特急「つばめ」。1965年10月改正時から481系で名古屋〜熊本間となり、1968年10月「43−10」改正時から583系となり、名古屋〜博多間寝台特急「金星」が座席特急「つばめ」となって折り返した。1972年3月の新幹線岡山開業時から岡山〜博多、熊本間「つばめ」グループとなった。
◎東海道本線　柏原〜近江長岡　1972（昭和47）年1月23日　撮影：野口昭雄

瀬戸内海に沿って走る583系「つばめ」。山陽本線は岩国を過ぎると柳井の手前まで海に沿って走る山陽線随一の景勝区間である。◎山陽本線　由宇〜神代　1975（昭和50）年3月　撮影：山田 亮

博多を発車する583系「つばめ」、ホームの時計は11時53分を指しており、この列車は11時52分発の上り「つばめ7号」熊本発岡山行である。画面左には筑肥線のディーゼル列車が見える。「つばめ」最後部はクハネ583－30（門ミフ、南福岡電車区）、1974年時点では南福岡にはクハネ581形が41両配置に対し、クハネ583形は4両で少数派だった。
◎鹿児島本線　博多　1974（昭和49）年8月　撮影：山田 亮

あかつき

大阪駅10番線に到着した上り「あかつき」、最後部は1958年に「あさかぜ」用として登場したマニ20形。
◎東海道本線　大阪　1966（昭和41）年　撮影：太田正行

「あかつき」牽引のEF65と
ナハネフ20の連結部。
◎東海道本線　大阪
1966（昭和41）年
撮影：太田正行

「あかつき」ナロネ21側面の行先、種別、列車名表示。
◎東海道本線　大阪　1966（昭和41）年　撮影：太田正行

東京機関区のEF65形500番代が牽引する特急「あかつき」。機関車次
位はナハフ20改造のナハネフ20。
◎東海道本線　大阪　1966（昭和41）年　撮影：太田正行

新大阪に到着した上り「あかつき」。「あかつき」は向日町運転所配置の20系客車で運行されたが、下り方の電源車（荷物室付き）は1958年に「あさかぜ」用として製造されたマニ20形が品川客車区から転入して使用された。「あかつき」は下りは山陽夜行列車群の先頭で上りは殿（しんがり）を務め、途中で急行を追い抜く必要がなくダイヤ構成上有利だった。
◎東海道本線　新大阪　1965（昭和40）年10月　撮影：辻阪昭浩

新大阪に到着したEF65 508（東京機関区）牽引の上り特急「あかつき」。「あかつき」は初の関西始発の九州特急で関西〜南九州、西九州の所要時間が大幅に短縮され、関西のファンにとってもそれまで関西深夜通過でなじみの薄かった20系寝台特急に身近に接することができるようになった。
◎東海道本線　新大阪　1965（昭和40）年10月12日
撮影：辻阪昭浩

上り「あかつき」は深夜の博多に1時25分に到着、5分停車する。ED73形牽引で博多に停車中の上り「あかつき」。機関車次位は座席車を寝台車に改造したナハネフ20形。
◎鹿児島本線　博多　1965（昭和40）年10月21日
撮影：宇都宮照信

九州の夜明けは遅い。ED72 12
（門司機関区）牽引で4時58分に
鳥栖に到着した下り「あかつき」。
西鹿児島編成の荷物車はマニ20
である。ここで西鹿児島行と長崎
行に分割される。
◎鹿児島本線　鳥栖
1966（昭和41）年6月2日
撮影：宇都宮照信

C60 23（鳥栖機関区）牽引で長
崎に到着した特急「あかつき」。
機関車次位は電源車マヤ20形。
1965年10月改正で登場した「あ
かつき」の鳥栖〜長崎間は機関車
運用表ではC60形牽引であった
が、DD51形牽引の日が多かった。
翌1966年3月から正式にDD51
形牽引となった。
◎長崎本線　長崎
1965（昭和40）年10月14日
撮影：宇都宮照信

夜明けの鳥栖を5時10分に発車
するDD51 52（鳥栖機関区）牽引
の下り「あかつき」長崎編成。機
関車次位に電源車マヤ20形を連
結。当時、九州のDD51形は鳥栖
機関区に集中配置され鹿児島本
線（鳥栖または熊本以南）、長崎本
線、佐世保線、筑豊本線で特急、
急行列車を牽引していた。
◎鹿児島本線　鳥栖
1966（昭和41）年6月2日
撮影：宇都宮照信

EF58 29（下関運転所）が牽引する14系寝台特急「あかつき」。新大阪から向日町への回送列車。1972年10月からEF58形がいわゆる「関西ブルトレ」を牽引した。ヘッドマークも付いていたが、1974年頃から「作業の煩雑」を理由に取り外された。左後方は摂津富田駅。◎東海道本線　茨木〜摂津富田　1974（昭和49）年10月5日　撮影：野口昭雄

寝台幅70㎝の14系寝台車は1972年10月から「あかつき」のうち3往復に投入された。翌1973年10月からは24系24形が、1974年4月から二段B寝台24系25形が関西〜九州間寝台特急に投入された。余剰の20系寝台車（寝台幅52㎝）は東北、北陸方面に転用され、国鉄の西日本優先体質が露骨に表れていた。
◎東海道本線　茨木〜摂津富田　1974（昭和49）年10月5日　撮影：野口昭雄

EF58牽引の下り「あかつき」客車は登場したばかりの24系24形。1973、74年まではヘッドマークがあった。
◎東海道本線　大阪　1974（昭和49）年頃　撮影：太田正行

1979年7月から関西〜九州間寝台特急はEF65型1000番代（通称EF65PF型）牽引となり、1985年からはヘッドマークが付いた。◎東海道本線　大阪　1985（昭和60）年頃　撮影：太田正行

EF65形506号機（東京機関区）が牽引する上り寝台特急「あかつき」。機関車次位ナハフ20形を座席車に改造したナハネフ20形。
「あかつき」は初の関西〜九州間寝台特急で北九州深夜通過で関西と南九州、西九州を直結した。この芦屋付近は当時は洋館
が多く、雑木林も残り昭和戦前期の「阪神間モダニズム」の雰囲気が感じられた。
◎東海道本線　芦屋付近　1968（昭和43）年頃　撮影：野口昭雄

ED72 12（門司機関区）牽引の下り14系三段寝台「あかつき1号」。現在この付近には西諫早駅がある。1975年3月以降は「あかつき」は長崎・佐世保発着で3往復となった。
◎長崎本線　諫早〜喜々津　1977（昭和52）年7月　撮影：山田 亮

ED76 52（鹿児島機関区）牽引の下り「あかつき2号」。1975年3月以降「あかつき」下り2号、上り3号は二段寝台24系25形で、鳥栖〜長崎間はカニ22形改造の電源車カニ25形が連結された。
◎長崎本線　諫早〜喜々津　1977（昭和52）年7月　撮影：山田 亮

新大阪発長崎行「あかつき１号」の14系寝台車（この時点では三段式寝台）。1975年３月以降「あかつき１号」（下り上りとも）は新大阪〜長崎・佐世保間でＡ寝台込みの基本７両が長崎発着。Ｂ寝台だけの付属６両が佐世保発着。
◎長崎本線　諫早〜喜々津　1977（昭和52）年７月　撮影：山田 亮

1975年３月以降、「あかつき」下り２号、上り３号は新大阪〜長崎間24系25形二段寝台となり、新大阪〜鳥栖間で「明星」下り５号、上り４号（新大阪〜熊本間）と併結した。
◎長崎本線　諫早〜喜々津　1977（昭和52）年７月　撮影：山田 亮

門司で関門間を牽引するEF30 11（門司機関区）に付け替えられた上り「明星」「あかつき４号」。下関（貨物列車は幡生操車場）
〜門司（貨物列車、荷物列車は東小倉）間で運行されていたEF30形は1986〜87年にEF81形に置き換えられた。
◎鹿児島本線　門司　1984（昭和59）年7月16日　撮影：宇都宮照信

鳥栖で併合されたED75 304（門司機関区）牽引の上り「明星」「あかつき４号」。1984年２月改正で関西－九州間寝台特急は
４往復（山陽本線内）となり、「明星」（新大阪〜博多間）と「あかつき」1.4号（新大阪〜長崎間）が新大阪〜鳥栖間併結になり、「明
星」と「あかつき」をあわせた特製ヘッドマークが用意された。
◎鹿児島本線　鳥栖　1984（昭和59）年9月15日　撮影：宇都宮照信

夕方の八代湾に沿って走るDD51 573（鳥栖機関区）牽引の20系特急上り「あかつき2号」。時刻は18時頃だが夏の九州の日暮れは遅く真昼の太陽が照り付けていた。「あかつき」は1968年10月「43-10」から2往復となった。
◎鹿児島本線　上田浦〜肥後二見
1969（昭和44）年7月　撮影：山田 亮

朝の大村湾に沿って長崎へ向かうDD51形牽引の20系特急「あかつき1号」。この先に松の頭峠（大草〜本川内間）の山越えが控えている。機関車次位は電源車マヤ20形。
◎長崎本線　東園〜大草
1969（昭和44）年7月　撮影：山田 亮

1984年2月改正時から佐世保発着の「あかつき」は1往復（3号、2号）となり筑豊本線を経由した。早岐〜佐世保間は向きが変わるためDE10形が牽引した。DE10 45（香椎機関区）が牽引する上り「あかつき2号」。
◎佐世保線　佐世保　1984（昭和59）年9月3日　撮影：宇都宮照信

ジョイフルトレイン「サザンクロス」塗装のED76 78（大分運転所）が牽引する下り「あかつき」、機関車次位はレガートシートのオハ14形 300番代。「あかつき」は1986年11月改正から1往復になり、2000年3月改正で「彗星」と併結になるまで続いた。◎長崎本線　肥前山口（現・江北）〜肥前白石　1993（平成5）年11月3日　撮影：宇都宮照信

多良〜肥前大浦間、波瀬の浦付近の入江にかかる鉄橋を行くステンレス車体EF81 303（門司機関区）牽引の「あかつき」。2005年10月から「あかつき」は「なは」併結になり関西〜九州間最後の1往復になった。この先は線路が海岸に沿って大きくカーブし湾の奥まった地点に里信号場があり交換した反対方向の列車を眺めることのできる長崎本線の名所である。
◎長崎本線　多良〜里信号場　2005（平成17）年1月1日　撮影：宇都宮照信

長崎市内を走るED76牽引「あかつき」、14系15形4両の短編成で臨時列車と思われる。手前の線路は長与経由の非電化線である。◎浦上付近　1995（平成7）年3月29日　撮影：太田正行

高架化された佐賀に到着のED76牽引「あかつき」客車は14系15形。座席車が連結されておらず臨時と思われる。◎佐賀　2000（平成12）年3月29日　撮影：太田正行

くにさき

杵築〜大神間の八坂川橋梁を渡るED76 65（大分運転所）牽引の下り急行「くにさき」14系座席車10両編成。1975年3月改正時から関西〜九州間急行は3往復となり、14系座席車となった。当初は全車指定席だったが、1975年12月から一部自由席となった。◎日豊本線　杵築〜大神　1978（昭和53）年7月　撮影：山田 亮

しおじ

クロ151（→クロ181）形を最後部にした上り「しおじ」。1964年10月改正で新大阪〜下関間に登場した151系特急「しおじ」は翌1965年10月改正時から2往復となった。最後部はパーラーカークロ151形だが、1966年10月までにすべて181系に改造された。この編成は九州乗入れ編成ではないため、電気機関車との引き通し栓は設置されていないが、「瀬野八」勾配区間の補機連結のため連結器カバーが外されている。◎山陽本線　熊山　1965（昭和40）年10月7日　撮影：辻阪昭浩

瀬野〜八本松間を補機なしで登る上り181系特急「第2しおじ」。東海道電車特急から転用された151系は120kwモーターに取り換え181系となり補機連結が不要となった。最後部にパーラーカーのクロ181（旧クロ151）形が連結されているが、山陽特急では利用者が少なく、クロハ181形への改造が始まっていた。
◎山陽本線　瀬野〜八本松　1966（昭和41）年12月30日　撮影：辻阪昭浩

三石付近を行く上り181系特急「しおじ」。先頭はクハ181形で最後部はクロ181形の開放室座席を2等座席に取り換えたクロ
ハ181形。この付近は山間を縫うように走り、カーブも多くスピードアップの障害であることがわかる。
◎山陽本線　三石　1971 (昭和46) 年9月12日　撮影：野口昭雄

耐火レンガの街三石を行く481、485系特急「しおじ」。「しおじ」は1964年10月登場時は151系（→181系）であったが、1970年に583系、1971年には481、485系が加わった。三石の街を見下ろす小高い山の上からレンガ工場群と列車をとらえた傑作写真といえよう。この列車は1971年7月から運転開始された「しおじ72号」で同年10月から定期化された。
◎山陽本線　三石〜吉永　1971（昭和46）年9月12日　撮影：野口昭雄

181系だった「しおじ」は直流区間にもかかわらず1970年10月から581系・583系が加わった。新幹線岡山開業後も車両運用の関係で新大阪、大阪発着として残った。
◎山陽本線　垂水～舞子　1972（昭和47）年1月30日　撮影：野口昭雄

山間にある瀬野を通過する上り481系特急「しおじ1号」（広島発）。「しおじ」は1972年3月の新幹線岡山開業後も新大阪発着で3往復（定期列車）が残った。1973年10月以降は「しおじ」は下り5本、上り4本となった。背後の山は後に宅地開発され、現在では新交通システム「スカイレール」がある。◎山陽本線　瀬野　1972（昭和47）年8月3日　撮影：野口昭雄

カーブを行く最終日の583系「しおじ」。「しおじ」は181系、485系、583系で運転された。ここは架線柱が片側で撮影に好適だった。
◎山陽本線　入野〜白市
1975（昭和50）年3月9日
撮影：山田　亮

塩屋海岸を行く上り485系特急「しおじ」。
新大阪〜下関間の特急「しおじ」は直流
区間だけのため、運転開始当初は181系で
あったが、のちに481、485、583系も加
わった。画面左上に山陽電鉄滝の茶屋駅
があり、ホームから明石海峡、淡路島が一
望できる駅として有名。ここは上から山
陽電鉄、国鉄列車線、国鉄電車線が並び「三
段の輸送幹線」と呼ばれた。
◎山陽本線　垂水〜塩屋
1974（昭和49）年11月28日
撮影：野口昭雄

塩屋海岸をゆく大阪発下関行臨時客車特急「しおじ」。1972年３月改正時から大阪〜広島、下関間に臨時客車特急「しおじ」が多客期に運転された。当初は12系客車で特急料金100円引きだった。翌1973年から14系客車になり、所定の特急料金となった。画面左上は山陽電鉄滝の茶屋駅である。
◎山陽本線　垂水〜塩屋
1974（昭和49）年11月28日
撮影：野口昭雄

しろやま

DD51 24 (鳥栖機関区) が牽引する下り急行「しろやま」。「しろやま」は1963 (昭和38) 年10月に大阪〜西鹿児島間に登場し、門司・博多深夜通過で山陽地区と九州南部を直結した。撮影者、辻阪氏のメモでは1969年8月撮影となっているが、機関車次位の1号車が2等車スハフ42形になっている。1965年10月改正以降は1号車が2等寝台車であるため、撮影はそれ以前で1965年春と思われる。2号車は1等寝台車オロネ10形である。
◎鹿児島本線　伊集院付近　1965 (昭和40) 年春頃　撮影：辻阪昭浩

C60 29（鹿児島機関区）牽引で西鹿児島を発車する上り臨時急行しろやま51号（西鹿児島11:07 〜大阪5:40）普通車だけの8両編成で、熊本まで5時間を要する鈍足急行だった。右に三角屋根の西鹿児島駅舎が見えるが、ホームの屋根は短く雨天や桜島降灰時には旅客サービス上問題であった。
◎鹿児島本線　西鹿児島（現・鹿児島中央）1969（昭和44）年8月12日　撮影：辻阪昭浩

つくし、べっぷ

須磨海岸を行く475系急行「つくし1号」。1972年3月の新幹線岡山開業後も大阪〜博多間の昼行急行「つくし」は1往復残った。(つくし2号は夜行寝台列車) 姫路〜岡山間は赤穂線経由になってローカル色が強くなり、長時間乗り通す客は少なかった。
◎山陽本線　須磨〜塩屋　1975 (昭和50) 年2月10日　撮影：野口昭雄

糸崎を発車する475系急行「つくし2号」「べっぷ1号」新大阪発博多、大分行。後ろ3両は小倉で分割する大分行「べっぷ1号」。最後部はクモハ475−4 (門ミフ、南福岡電車区)。60ヘルツ用を表すクリーム帯が車体下部に入っている。写真左側は糸崎機関区。◎山陽本線　糸崎　1969 (昭和44) 年3月　撮影：山田 亮

瀬野～八本松間の大カーブは蒸気時代から撮影名所だった。475系電車急行は1等車2両とビュフェ車を連結し、当時の長距離電車急行の標準だった。交直流電車急行のビュフェ車は麺類（うどん、そば）のスタンドがあり、東海道・山陽本線の153系直流電車急行の「にぎり寿司」と異なっていた。◎山陽本線　瀬野～八本松　1966（昭和41）年12月　撮影：辻阪昭浩

瀬野～八本松間の大カーブを登る上り475系急行「第1つくし」博多発大阪行。1965年10月改正時から山陽、鹿児島線を直通する475系の電車急行が登場した。山陽本線内だけの電車急行は100kwモーターの153系で電気機関車の補機を連結したが475系は120Kwモーターで補機不要だった。◎山陽本線　瀬野～八本松　1966（昭和41）年12月　撮影：辻阪昭浩

なは

沖縄の本土復帰を祈念して名付けられたキハ80系ディーゼル特急「なは」。1968年10月「43−10」改正時からそれまでの「かもめ」（西鹿児島発着）は「なは」と改称され、併結相手も宮崎発着の「日向」となった。「なは」は1970年10月の鹿児島電化後も「架線下ディーゼル」として1973年10月改正時まで走り続けた。
◎鹿児島本線　伊集院付近
1969（昭和44）年8月
撮影：辻阪昭浩

朝の神戸市内を走る583系寝台特急「なは」、左は103系普通西明石行。
◎東海道本線　元町　1977（昭和52）年8月　撮影：隅田 衷

沖縄の本土復帰を祈念してつけられた「なは」の愛称は1972年5月の本土復帰後も大切にされ1975年3月以降は583系寝台特急の愛称になった。運転区間は新大阪〜西鹿児島間で変わらなかった。
◎鹿児島本線　植木〜西里　1978（昭和53）年8月　撮影：山田 亮

向日町運転所から新大阪へ回送される583系寝台特急「なは」。沖縄の本土復帰を祈念して命名され1968（昭和43）年10月に「かもめ」を改名して大阪〜西鹿児島間に登場。1973年10月から485系電車に、1975年3月の新幹線博多開業時から583系の電車寝台特急になった。1984年2月から客車寝台化されたが、その愛称は大切にされ2008年3月の関西〜九州間寝台特急の廃止まで使われた。◎東海道本線　岸辺　1982（昭和57）年8月2日　撮影：野口昭雄

八代海に沿って走るED76牽引の寝台特急「なは」。九州新幹線新八代～鹿児島中央間開通の数日前に撮影。「なは」は新幹線開通後は熊本までの運行になった。
◎鹿児島本線　肥後二見～上田浦　2004（平成16）年3月　撮影：山田 亮

「なは」は1973年10月から電車化された。最終日の「なは」はボンネットのクハ481だった。食堂車は営業休止でブラインドが下りている。
◎山陽本線　入野〜白市
1975（昭和50）年3月9日
撮影：山田 亮

EF65 1123（下関運転所）が牽引する上り「なは」神戸市内の高架線を行く。
◎東海道本線　元町　1985（昭和60）年7月　撮影：隅田衷

はと

新大阪に到着した上り481系特急「はと」。博多発の「はと」は16時40分に新大阪に到着し、乗換時間20分で17時発「ひかり」、
17時05分発「こだま」に接続した。◎東海道本線　新大阪　1965（昭和40）年10月　撮影：辻阪昭浩

岡山駅停車中の481系上り特急「はと」。広島から運転してきた乗務員はここで交代し、新大阪まで乗務する。
◎山陽本線　岡山　1965（昭和40）年10月7日　撮影：辻阪昭浩

ED73 18（門司機関区）が電源車サヤ420と従え、151系特急「はと」を牽引する。1964（昭和39）年10月改正時から1年間、151系電車特急は下関〜博多〜南福岡（電車区）間をED73に牽引された。電源車サヤ420形はモハ420形と同じ車体で車内サービス電源（照明など）用の電動発電機を搭載し、後に151系の181系改造でねん出された100kwモーターを使い電動車化されモハ420形となった。◎鹿児島本線　八幡　1965（昭和40）年9月2日　撮影：辻阪昭浩

山陽本線の列車が上郡を過ぎ兵庫、岡山県境の船坂トンネルを過ぎると耐火レンガ工場の街である三石にさしかかる。レンガ工場の煙突や建物を見下ろしながら緩やかななカーブを下ってゆく583系特急「はと」。「はと」は1968年10月改正でそれまでの481系から583系となった。向い合わせ座席でくつろぐ乗客の姿が見えるが、特急らしくないとの声もあった。
◎山陽本線　三石～吉永　1971 (昭和46) 年9月12日　撮影：野口昭雄

485系の特急「はと」。1972年3月の新幹線岡山開業後は「つばめ」「はと」は岡山発着の新幹線接続特急となり、「はと」は岡山～下関間となった。手前は国道2号線、中国自動車道開通前で大型トラックが往来している。
◎山陽本線　尾道～糸崎　1975 (昭和50) 年1月26日　撮影：野口昭雄

481系上り特急「はと」。1965年10月から151系に代わり「つばめ」「はと」が481系になった。1967年10月から「みどり」が581系となるが、1968年10月からは「つばめ」「はと」が581・583系となり、「みどり」が481系となった。
◎山陽本線　通津〜藤生
1968（昭和43）年3月
撮影：山田 整

トンネルの手前で上下線が離れた地点を走る上り「はと」。「はと」は新幹線岡山開通後は直流区間の岡山〜下関間の運転になったが、481系、485系が使われた。この区間は戦時中に複線化されトンネルの前後は別線になっている。
◎山陽本線　神代〜由宇
1975（昭和50）年3月
撮影：山田 亮

赤スカートのクハ481形を先頭にした岡山発下関行特急「はと」。「はと」は1972年3月の山陽新幹線岡山開業後は新幹線接続の岡山〜下関間特急になり、1973年10月改正時には481・485系により5往復運転された。この場所は大門〜福山間の東福山貨物駅（1979年4月に旅客駅となる）付近である。
◎山陽本線　東福山　1975（昭和50）年3月8日　撮影：野口昭雄

クハ481形200番代を先頭にした上り485系特急「はと」。1972年に登場した前面貫通型のクハ481形200番代は山陽本線にも投入された。新幹線博多開業後、481・485系の一部は向日町運転所から南福岡電車区や鹿児島運転所へ転属し九州内に封じ込められた。◎山陽本線　糸崎～尾道　1975（昭和50）年2月9日　撮影：野口昭雄

581・583系の特急「はと」。「はと」は「つばめ」とともに関西～九州間特急だったが、1972年3月の新幹線岡山開業以降は岡山～下関間となって581・583系は使用されなくなった。この区間（兵庫以西）は線路別複線である。
◎山陽本線　垂水～舞子　1972（昭和47）年1月30日　撮影：野口昭雄

日向

宗太郎峠越えの上り82系特急「日向」。「日向」は小倉で「なは」と併結し大阪へ向かった。翌74年4月の宮崎電化（幸崎〜南宮崎間）にためにすでに架線が張られている。◎日豊本線　直見〜直川　1973（昭和48）年8月　撮影：隅田 衷

ボンネットのクハ481「日向」と上り特急のすれ違い。特急「日向」は1974年4月の日豊本線南宮崎電化で電車化された。
◎山陽本線　由宇〜神代　1975（昭和50）年3月　撮影：山田 亮

山陽本線走行中の宮崎発特急「日向」普通車車内、大阪へその日に行ける最終列車だが大阪着22時36分と遅いせいか空席が目立つ。
◎1969（昭和44）年7月　撮影：山田 亮

日豊本線走行中の宮崎発特急「日向」のグリーン車キロ80 28（向日町運転所）車内。のんびりムードが漂っている。
◎1969（昭和44）年7月　撮影：山田 亮

みどり

大阪駅３番線に入線する大阪発博多行キハ80系特急「みどり」。13時30分に４番線に到着する「第１こだま」と接続する。
◎東海道本線　大阪　1962（昭和37）年３月19日　撮影：辻阪昭浩

大阪での上り「みどり」「第2こだま」接続風景。大阪駅10番線16時20分着の博多発「みどり」は11番線16時30分発の「第2こだま」東京行に接続。大阪駅11番線は1962年10月から使用開始された。「みどり」が遅れている場合は姫路発車後車掌が車内を回り「第2こだま」への乗り継ぎ客を確認し、神戸駅から乗り継ぎ客の有無を連絡、乗り継ぎ客がある場合は「こだま」は16時40分頃（10分延）まで接続待ちした。◎東海道本線　大阪　1963（昭和38）年2月27日　撮影：辻阪昭浩

大阪での下り「第1こだま」「みどり」接続風景。東京発「第1こだま」は13時30分に大阪駅4番線に到着し、3番線13時40分発「みどり」博多行に接続。「第1こだま」の乗客が階段を降りているが服装からほとんどがビジネス客である。ホームには出迎えの人々も多く、当時東京から関西へは「大旅行」だったことが伺える。
◎東海道本線　大阪
1962（昭和37）年3月19日
撮影：辻阪昭浩

広島に停車中の登場して間もない頃の581系「みどり」、大分発新大阪行。寝台座席兼用の581系は登場時は夜行「月光」、昼行「みどり」として運転された。他の特急車に比べ屋根が高く車体限界いっぱいの581系は独特の形態で沿線の注目度は高かった。画面左に留置線が見えるが、後にこの場所には新幹線が建設された。
◎山陽本線　広島　1967（昭和42）年11月　撮影：辻阪昭浩

補機なしで瀬野〜八本松間の勾配を登るキハ80系ディーゼル特急「みどり」。13両編成で前7両が佐世保発で食堂車が連結され、後半6両が大分発である。DMH17横型エンジンを装備したキハ80系は勾配区間では重々しいエンジン音を周りの山に響かせ、40㎞/h前後でゆっくりと登った。
◎山陽本線　瀬野〜八本松
1966（昭和41）年12月
撮影：辻阪昭浩

門司を発車し、関門トンネルに入る上りキハ80系特急「みどり」博多発大阪行。「みどり」は大阪で「第2こだま」に接続し、博多〜東京間日着が可能だったが乗り継ぎ客はほとんどなく「通しの特急券」も発売されなかった。
◎鹿児島本線　門司　1964（昭和39）年3月　撮影：辻阪昭浩

尾道水道に面した海岸沿いに走る481系「みどり」。光線状態から岡山発12時35分の「みどり2号」(宮崎着23時02分)である。先頭のクハ481形は1964、65年製造のグループで60ヘルツ用を表す赤スカートでクリームの帯が入っていた。
◎山陽本線　尾道〜糸崎　1975(昭和50)年1月26日　撮影：野口昭雄

海岸沿いを国道2号線と平行して走る485系特急「みどり2号」。1974年4月の南宮崎までの電化完成時に「みどり」のうち1往復が宮崎まで延長された(下り2号岡山〜宮崎間、上り2号宮崎〜新大阪間)。この列車は光線状態から下り「みどり2号」(岡山発)である。先頭のクハ481形は1968年以降製造のグループで前面スカートがクリームである。
◎山陽本線　尾道〜糸崎　1975(昭和50)年3月8日　撮影：野口昭雄

朝の須磨海岸を行く485系「みどり1号」大分行。1972年3月の山陽新幹線岡山開業時にも「みどり」は大阪（上りは新大阪）発着で残り、1973年10月から岡山発着が加わり2往復になった。線路と海岸の間にある防潮堤に上がって撮影。現在ではこのような撮影は許されないが当時は黙認されていた。右に三脚を立てた「撮り鉄」の姿も見える。
◎山陽本線　須磨～塩屋　1975（昭和50）年2月10日　撮影：野口昭雄

新大阪へ回送される大分行481系特急「みどり」。「みどり」は1967年10月に581系電車化されたが、翌1968年10月から481形となった。60ヘルツ用を表す赤スカートのクハ481形が先頭であるが、このクハ481は50、60ヘルツいずれにも使用でき、後年勝田電車区に転属し常磐線特急「ひたち」に使用された。
◎東海道本線　茨木～千里丘　1968（昭和43）年頃　撮影：野口昭雄

阿蘇

門鉄型デフレクター（通称門デフ）で異彩を放ったC59 124牽引の急行「阿蘇」、1等の次は2等寝台スハネ30、その次は食堂車マシ29。◎鹿児島本線　木葉〜植木　1964（昭和39）年3月10日　撮影：林 嶢

大阪駅４番線で発車を待つEF58 147（宮原機関区）牽引の急行「阿蘇」。新大阪始発で大阪で22分停車して19時44分発。機関車次位に荷物車マニ37形を連結。大阪駅３．４番線は山陽新幹線開通前は山陽、九州方面への優等列車でにぎわったが、新幹線が博多まで開通してからは夜行特急、急行が発車するだけで、昼間は閑散としていた。
◎東海道本線　大阪　1975（昭和50）年７月 撮影：山田 亮

ED76 1004(鹿児島機関区)牽引の急行
「阿蘇」14系座席車12両編成。4両ある
自由席車はエコノミー指向の乗客でまあ
まあの利用があったが、指定席車は帰省
シーズンなどを除くとガラガラで空気輸
送だった。このような状況を当時の国鉄
は何年も放置していた。
◎鹿児島本線　植木〜西里
1978(昭和53)年8月
撮影：山田 亮

吉塚を通過し博多へ向かうED76 47(鹿児島機関区)が牽引する下り急行「阿蘇」名古屋発熊本行。機関車の次は普通指定席
スハフ43形。「阿蘇」および熊本で折り返しとなる「天草」の客車は名古屋客貨車区(名ナコ)受け持ちだった。
◎鹿児島本線　吉塚　1974(昭和49)年8月　撮影：山田 亮

雲仙、西海

C57 111（早岐機関区）が牽引する東京発長崎行急行「雲仙」。肥前山口（2022年9月から江北と改称）で佐世保行「西海」と分割され、長崎行「雲仙」は5両の身軽な編成である。喜々津～浦上間は大村湾に沿った絶景区間だが勾配があるため、1972年10月の市布経由新線開通後はローカル列車だけが走るようになった。
◎長崎本線　喜々津～大草
1964（昭和39）年3月
撮影：辻阪昭浩

夜の博多駅に到着するED76形牽引上り「雲仙・西海」。22時09分着で22時11分に発車。列車待ち行列には北九州方面へ帰る短距離客も目立つ。博多～小倉間は新幹線利用者も多かったが上り博多発最終は21時30分で、快速も終わっており急行で黒崎、小倉方面へ帰る乗客が多かった。◎鹿児島本線　博多　1977（昭和52）年7月　撮影：山田 亮

EF58 7（下関運転所）牽引の長崎発京都行上り急行「雲仙3号」。機関車次位に旧型客車スハフ42形が2両、軽量客車ナハ10、11、B寝台車スハネ16形と続き、様々な客車を連結した往年の客車急行の魅力が伝わる。この「雲仙」は新幹線博多開業の1975年3月から14系座席車になり佐世保発着「西海」と併結になり、1980年10月改正時に廃止された。
◎東海道本線　摂津富田〜高槻　1972（昭和47）年10月1日　撮影：野口昭雄

金星

1968年10月「43-10」改正で登場した名古屋～博多間583系寝台特急「金星」。九州北部のほか山口県内も有効時間に収めていた。新幹線接続のため東京～九州間寝台特急が満席の場合でも寝台券を入手できる場合が多く東京および静岡県内からの「補助列車」の役割もあった。1982年11月改正時に廃止。
◎鹿児島本線　東郷～福間　1978(昭和53)年7月　撮影：山田 亮

下関に近づく名古屋発の583系「金星」、名古屋発の異色の寝台特急だった。
◎山陽本線　厚東　1976（昭和51）年3月27日　撮影：太田正行

玄海

C60 23（鳥栖機関区）が牽引する下り急行「玄海」長崎行。「玄海」は1956年11月改正時に登場し、京都始発のため関西から
の乗客にとって座席確保が容易になった。荷物車、1等寝台車、1等車、2等寝台車、食堂車、2等座席車を連結したフルセッ
ト編成で、大草〜本川内間の20‰急勾配（松の頭峠越え）に備え諫早〜長崎間にC57形の後補機が連結された。
◎長崎本線　喜々津〜大草　1964（昭和39）年3月1日　撮影：辻阪昭浩

岡山を発車する475系の上り急行「玄海」博多発名古屋行。名古屋〜博多間の昼行電車急行は1965年10月改正時に「はやとも」
として運転開始され、1968年10月改正で「玄海」と改称された。区間旅客が多く、乗り通す旅客は少なかった。背後に山陽
新幹線の高架線が見える。◎山陽本線　岡山　1972（昭和47）年1月　撮影：隅田　衷

1972年３月の新幹線岡山開業後、急行は岡山〜博多・熊本間が「玄海」で475系で運行、直流区間の岡山〜広島・下関間が「山陽」で153系で運行された。1970年代に入ってからは「何でも特急」の時代になり、急行は短区間乗車が多かった。
◎山陽本線　尾道〜糸崎　1975（昭和50）年３月８日　撮影：野口昭雄

瀬戸内海に沿って走る475系の急行「玄海」。山陽本線は岩国を過ぎると南下し、車窓間近に瀬戸内海が眺められる。
◎山陽本線　由宇〜神代　1975（昭和50）年３月　撮影：山田 亮

山陽

瀬戸内海沿いに走る153系急行「山陽」。1972年3月改正で登場した直流区間だけを走る「山陽」は当初はグリーン車サロ
152形、ビュフェ車サハシ153形（営業休止）の入った10両編成だったが、1975年3月改正が近づくと普通車だけの6両になり、
この編成で新幹線博多開業後は広島〜小郡（現・新山口）間快速電車となった。
◎山陽本線　神代〜由宇　1975（昭和50）年3月7日　撮影：山田 亮

天草

冷水峠への25‰勾配を登るDD51形牽引急行「天草」、「天草」は筑豊本線経由で冷水峠越えのため飯塚〜鳥栖間でD60形の補機が付いた。編成中に寝台車、グリーン車が連結されている。「天草」の客車は名古屋客貨車区（名ナコ）所属で「阿蘇」と共通運用だった。◎筑豊本線　筑前内野〜筑前山家　1969（昭和44）年3月　撮影：山田 亮

DD51 40（鳥栖機関区）牽引の京都発熊本行急行「天草」。筑豊本線経由のため門司からDD51形が牽引した。DD51形は1964年春に鳥栖機関区に配属され、蒸機との重連で練習運転の後、同年7月からDD51形単機で鹿児島、長崎、筑豊本線で主として急行を牽引した。機関車次位は2等座席指定車で「かもめ」「はつかり」に使用されたスハフ43形。左に石炭輸送貨車「セラ1形」が見える。◎鹿児島本線　八幡　1965（昭和40）年9月2日　撮影：辻阪昭浩

明星

新大阪から向日町への583系「明星」の回送列車。1975年3月の新幹線博多開業以降、583系は南福岡電車区(現・JR九州南
福岡車両区)から向日町運転所(現・JR西日本吹田総合車両所京都支所)に転属し、関西～九州間の寝台特急に使用されたが、
昼行運用は「有明」の一部だけになった。583系は寝台の設置、解体に手間がかかり、昼行区間が長くても寝台を解体せずに
走るため、旅客サービス上も問題であった。◎東海道本線　東淀川～吹田　1978年4月30日　撮影：野口昭雄

EF58形牽引の西鹿児島発新大阪行季節特急「明星5号」（向日町への回送）。1975年3月から「明星」7往復のうち1往復（下り4号、上り5号）は季節列車で14系客車の座席特急だった。急行「阿蘇」「雲仙・西海」「くにさき」と車両は同じで、これで高い特急料金を取るのかとの苦情もあり、利用率は低かった。
◎東海道本線　東淀川～吹田　1978年4月30日　撮影：野口昭雄

DD51 726（鳥栖機関区）牽引で冷水峠を行く14系寝台特急「明星6号」熊本行。1975年3月改正で特急「かもめ」（佐世保編成）、急行「天草」が廃止されたが、代わりに新大阪－熊本間「明星」（下り6号、上り3号）が筑豊本線を経由し、新大阪～門司間は佐世保発着「あかつき」（下り3号、上り2号）に併結された。
◎筑豊本線　筑前内野～筑前山家
1978（昭和53）年5月28日
撮影：奈良崎博保

カーブした吉井川橋梁を渡る上り583系「明星」。
◎山陽本線　熊山〜万富　1977（昭和52）年7月26日　撮影：太田正行

DD51 624（鳥栖機関区）が牽引する新大阪発筑豊本線経由熊本行「明星6号」客車は14系寝台車（この時点では三段式寝台）。1975年3月以降、熊本発着「明星」のうち1往復（下り6号、上り3号）が筑豊本線経由となりDD51形が門司～熊本間を牽引し、新大阪～門司間で「あかつき」下り3号、上り2号（新大阪～佐世保間）と併結した。
◎鹿児島本線　植木～西里　1978（昭和53）年8月　撮影：山田 亮

筑豊本線経由熊本行下り明星6号の14系寝台車（三段式）。1975系3月改正時から、早岐客貨車区（門ハイ）の14系寝台車は「あかつき」「明星」のほか、大阪～青森間「日本海」（下り2号、上り1号）にも運用され、その広域運用が話題になったが、ダイヤ混乱時の対応に難があり1978年10月改正時に解消された。
◎鹿児島本線　植木～西里　1978（昭和53）年8月　撮影：山田 亮

ED72が牽引する下り「明星５号」24系25型、熊本行。
◎鹿児島本線　植木〜西里　1978（昭和53）年７月　撮影：山田 亮

DD51が牽引する筑豊本線経由熊本行「明
星6号」14系。古戦場田原坂をカーブで
越える。
◎鹿児島本線　木葉〜田原坂
1975（昭和50）年8月
撮影：山田 亮

西鹿児島から鹿児島運転所へ引き上げる583系の下り「明星3号」。
◎鹿児島本線　西鹿児島（現・鹿児島中央）1978（昭和53）年7月　撮影：山田 亮

霧島

C60が牽引する下り急行「霧島」、電化前の鹿児島本線は大型蒸気機関車C59、C60、C61が活躍した。
◎鹿児島本線　木葉〜植木
1964（昭和39）年3月10日
撮影：林 嶢

DD51牽引の上り急行「霧島」。1965
年から鹿児島本線非電化区間の急行は
DD51となった。年末のため食堂車が外
され2等車が増結された。
◎鹿児島本線　湯之元〜市来
1969（昭和44）年12月31日
撮影：林 嶢

141

筑紫

東海道線内は夜行、山陽線内は昼行だった急行「筑紫」博多行。1961年10月からは大分行「ぶんご」を併結した。
◎山陽本線　岡山　1961（昭和36）年8月6日　撮影：林 嶢

岡山でEF58からC59牽引となって発車する急行「筑紫」。多客期のため機関車次位にスハ32を増結している。
◎山陽本線　岡山　1961（昭和36）年8月6日　撮影：林 嶢

いそかぜ

1965年10月改正で登場したキハ80系特急「いそかぜ」。当初は大阪〜宮崎間で編成の半分を大分で分割、併合したが1967年10月からは大阪〜宮崎・佐世保間になった。「いそかぜ」は海水浴列車のような愛称と酷評された。
◎山陽本線　藤生〜通津　1968（昭和43）年3月　撮影：山田 整

はやとも

1965年10月改正で名古屋〜博多間に登場した475系急行「はやとも」。走行距離832.2kmは電車急行（定期）としては歴代2位である。歴代1位は東京〜広島間「宮島」の894.8kmである。「はやとも」は1968年10月改正から「玄海」と改称され、「はやとも」は広島〜博多間急行の愛称になったが当初は混乱したと思われる。
◎山陽本線　通津〜藤生　1968（昭和43）年3月　撮影：山田 整

高千穂

日豊線内はDF50が牽引した下り急行「高
千穂」、1等車はナロ10形。「高千穂」は
当時日本一長い距離を走る列車だった。
◎日豊本線　宮崎付近
1963（昭和38）年3月6日
撮影：林 嶢

DF50 500番代が牽引する下り「高千穂」、
宮崎で付属編成が切り離され身軽になっ
た姿。食堂車は大分で切り離された。
◎日豊本線　日向沓掛～田野
1967（昭和42）年3月
撮影：林 嶢

彗星

DF50 534（大分運転所）が牽引する20系客車の都城行「彗星1号」。
◎日豊本線　日向沓掛～田野　1972（昭和47）年5月　撮影：隅田 衷

20系客車の上り「彗星2号」最後部カニ22形は走行線区の軸重制限のためパンタグラフが撤去され、重量を軽減している。
◎日豊本線　日向沓掛～清武　1973（昭和48）年8月　撮影：隅田 衷

DF50形牽引で宗太郎峠を越える下り特急「彗星１号」都城行。機関車次位の電源車はカニ22形であるが、パンタグラフと電動発電機が撤去され、ディーゼル発電機だけになっている。川原木信号場は直川〜重岡間にある。
◎日豊本線　川原木信号場〜重岡　1973（昭和48）年５月　撮影：隅田 衷

DF50 534（大分運転所）牽引の上り「彗星２号」。20系客車時代で1970年10月から都城まで延長された。青井岳は山間にあるこじんまりした駅だった。「彗星」は1972年３月から新大阪〜大分間に増発され２往復となった。
◎日豊本線　青井岳　1972（昭和47）年５月　撮影：隅田 衷

下関に近づくEF58 78（米原機関区）牽引の下り20系「彗星2号」。1972年10月改正時から関西〜九州間寝台特急の東海道・山陽本線内はEF58形（元空気溜管増設車）に置きかえられ、当初はヘッドマーク付きだった。西日本の夜明けは遅く、下関付近で撮影可能な20系「彗星」は大分行「彗星2号」だけである。
◎山陽本線　下関　1973（昭和48）年頃　撮影：奈良崎博保

ED74 2（大分運転所）牽引の下り20系特急「彗星」。「彗星」は1968年10月「43-10」改正で新大阪〜宮崎間に登場し、付属編成7両は大分で切り離された。ED74形は北陸本線平坦区間用として1962年に6両登場し、1968年には大分へ転属し日豊本線で寝台特急や貨物を牽引した。
◎日豊本線　西大分　1969（昭和44）年6月1日　撮影：奈良崎博保

DF50 554（大分運転所）牽引の特急「彗星」。1968年10月改正で登場した新大阪〜宮崎間寝台特急「彗星」の大分以南は
DF50形が牽引した。◎日豊本線　宮崎　1969（昭和44）年8月12日　撮影：辻阪昭浩

カーブした耳川橋梁を渡るDF50 509（大分運転所）牽引の宮崎行寝台特急「彗星」。
◎日豊本線　南日向〜美々津　1969（昭和44）年5月3日　撮影：奈良崎博保

「彗星」のヘッドマークをつけ宮崎機関区で折り返しのために待機するDF50 534（大分運転所）。当時、日豊本線大分以南ではDF50形が特急、急行、一部の普通列車を牽引した。
◎日豊本線　宮崎機関区　1970（昭和45）年9月28日　撮影：宇都宮照信

杵築を通過する583系「彗星3号」新大阪発大分行。1975年3月改正以降、「彗星」は3往復（電車2往復、客車1往復）となった。583系の「彗星」は宮崎発着（下り1号、上り3号）、大分発着（下り3号、上り1号）で581・583系の日豊本線乗り入れは1968年9月以来6年半ぶりであった。◎日豊本線　杵築　1978（昭和53）年7月　撮影：山田 亮

ED74 3(大分運転所)が牽引する20系特急「彗星」。北陸本線のED74形は1968年に大分運転所に転属した。客車暖房用の
SG(蒸気発生装置)がないため、寝台特急や貨物列車を牽引した。
◎日豊本線　小波瀬(現・小波瀬西工大前)〜行橋　1972(昭和47)年4月4日　撮影：宇都宮照信

門司で発車を待つEF81 302(門司機関区)牽引「彗星」。1984年2月改正時から「彗星」は1往復(新大阪〜都城間)となった。
EF81形300番代(301〜304)は1973〜74年に関門間旅客列車用として、海水漏水による腐食対策のためステンレス車体
で登場した。うち301、302は1978年に常磐線内郷機関区に転出の際に他のEF81形と同様の赤色(赤13号)となり、門司機関
区に戻ってからもそのままの塗装だった。
◎鹿児島本線　門司　1984(昭和59)年8月10日　撮影：宇都宮照信

ED76 67（豊肥久大運輸センター）牽引で宗太郎峠を越える「彗星」。2000年3月改正から「彗星」は京都〜門司間で「あかつき」と併結になった。◎日豊本線　宗太郎〜市棚　2003（平成15）年10月14日　撮影：宇都宮照信

EF65 1111（田端運転所）が牽引する下り「彗星」岡山停車中。「彗星」は1994年12月改正時から14系15形から24系25形になった。◎山陽本線　岡山　1994（平成6）年12月3日　撮影：宇都宮照信

川南〜高鍋間の小丸川橋梁を渡るED76 70（豊肥久大運輸センター）牽引「彗星」。3両目は「ソロ」オハネ15形 350番代。たった4両で凋落ぶりが伺える。「彗星」は阪神淡路大震災後の1995年4月20日運転再開時から新大阪〜南宮崎間となった。
◎日豊本線　川南〜高鍋
2002（平成14）年9月
撮影：宇都宮照信

しらぬい

岡山発熊本行の475系急行「しらぬい」。岡山発8時30分で8時28分着の東京発寝台急行「安芸」から2分で接続した。山陽本線、鹿児島本線の都市間連絡列車で広島、小倉、博多など拠点駅で乗客の大部分が入れ替わった。
◎山陽本線　岡山　1969（昭和44）年3月　撮影：隅田 衷

屋久島

EF58 158（浜松機関区）が牽引する上り急行「屋久島2号」。大阪〜西鹿児島間急行「しろやま」は1972年3月から「屋久島2号」と改称された。（屋久島1号は季節列車）「屋久島」への改称は屋久島の知名度を上げたいとの地元の要望とのこと。
◎山陽本線　神代〜由宇　1975（昭和50）年3月8日　撮影：山田 亮

日南

DF50 553（大分運転所）牽引の季節急行日南1号（京都〜宮崎間、新婚列車「ことぶき」として運転される日あり）とキハ58系急行「フェニックス」（宮崎〜小倉〜西鹿児島）の交換。
◎日豊本線　川原木信号場〜重岡　1973（昭和48）年5月　撮影：隅田 衷

DF50形牽引の下り急行「日南３号」京都発都城行。機関車次位はオハニ36形である。高校修学旅行で踏切待ちの観光バスから撮影した。◎日豊本線　土々呂　1969（昭和44）年10月　撮影：隅田 衷

大淀川を渡るＣ57形牽引の下り急行日南３号都城行。1978年10月から日南３号の宮崎～都城間がＣ57形牽引となり「最後の蒸気急行」としてファンの喝采を浴びた。
◎日豊本線　宮崎～南宮崎
1974（昭和49）年２月
撮影：隅田 衷

関西汽船

神戸港中突堤に入港する関西汽船あいぼり丸。画面左に神戸ポートタワーが見える。あいぼり丸は僚船こばると丸とともに
1967年から関西汽船別府航路に就航し、くれない丸、むらさき丸などどともに瀬戸内海航路の黄金時代を築いた。
◎関西汽船あいぼり丸　1983（昭和58）年〜1984（昭和59）年頃　撮影：野口昭雄

【著者プロフィール】

山田 亮（やまだ あきら）

1953年生、慶応義塾大学法学部卒、慶応義塾大学鉄道研究会OB、鉄研三田会会員、

元地方公務員、鉄道研究家で特に鉄道と社会の関わりに関心を持つ。

1981年「日中鉄道友好訪中団」（竹島紀元団長）に参加し、北京および中国東北地区（旧満州）を訪問。

1982年、フランス、スイス、西ドイツ（当時）を「ユーレイルパス」で鉄道旅行。車窓から見た東西ドイツの国境に強い衝撃をうける。

2001年、三岐鉄道（三重県）70周年記念コンクール「ルポ（訪問記）部門」で最優秀賞を受賞。

現在、日本国内および海外の鉄道乗り歩きを行う一方で、「鉄道ピクトリアル」などの鉄道情報誌に鉄道史や列車運転史の研究成果を発表している。

【写真撮影】

宇都宮照信、太田正行、隅田 衷、竹島紀元、辻阪昭浩、奈良崎博保、野口昭雄、林 嶢、山田 亮、山田 整

【写真提供】

三浦 衛

山陽本線を行く特急「日向」から眺める瀬戸内海。柳井港〜大畠間走行中。柳井港〜三津浜（松山）間の防予汽船フェリーとすれ違いの水中翼船を追い抜く。
◎1969（昭和44）年7月　撮影：山田 亮

国鉄優等列車列伝 第6巻
関西〜九州間を駆け抜けた
優等列車の記録
「かもめ」「つばさ」「あかつき」 他

2022年10月5日　第1刷発行

著　者……………………山田 亮

発行人……………………高山和彦

発行所……………………株式会社フォト・パブリッシング

　　　　　　　　　　〒161-0032　東京都新宿区中落合2-12-26

　　　　　　　　　　TEL.03-6914-0121 FAX.03-5988-8958

発売元……………………株式会社メディアパル（共同出版者・流通責任者）

　　　　　　　　　　〒162-8710　東京都新宿区東五軒町6-24

　　　　　　　　　　TEL.03-5261-1171 FAX.03-3235-4645

デザイン・DTP………柏倉栄治（装丁・本文とも）

印刷所……………………株式会社シナノパブリッシングプレス

ISBN978-4-8021-3355-5 C0026